J'ai envoyé
dix mille personnes
dans l'Au-Delà

Du même auteur
aux Éditions J'ai lu

LES 7 BONNES RAISONS DE CROIRE À L'AU-DELÀ
N° 10799

LES PREUVES SCIENTIFIQUES D'UNE VIE APRÈS LA VIE
N° 11350

L'AU-DELÀ EN QUESTIONS
N° 12935

Jean-Jacques
CHARBONIER

J'ai envoyé dix mille personnes dans l'Au-Delà

L'incroyable aventure d'un concept inouï,
racontée par ceux qui l'ont vécue

Collection dirigée
par Florent Massot

À propos de l'auteur

Le Dr Charbonier est médecin anesthésiste réanimateur. Toujours en exercice, il étudie depuis plus de trente ans les expériences vécues au seuil de la mort et est considéré aujourd'hui comme l'un des meilleurs spécialistes mondiaux de ce domaine sensible.

Depuis 2014, il organise des ateliers d'hypnose en France et à l'étranger pour induire chez des participants volontaires des états de conscience modifiée.

En 2018, il fonde sa société Conscience et Hypnose et un institut, l'Institut de recherche et de communication sur la conscience intuitive extraneuronale (IRCCIE), pour réunir autour de lui des scientifiques qui le rejoignent dans sa démarche de recherche et de communication.

Avertissement de l'auteur

Tous les témoignages rapportés dans cet ouvrage sont authentiques ; ils m'ont été personnellement adressés par écrit ou confiés lors d'entrevues. La plupart ne sont pas anonymes.

Toutes les identités qui sont ici révélées ont fait l'objet d'une autorisation écrite et je remercie chaleureusement celles et ceux qui ont eu le courage d'accepter la publication de leurs expériences de cette façon, car il n'est pas simple de révéler l'inconcevable en exposant au grand jour un vécu intime qui n'entre pas dans un courant de pensée dominant. Je leur suis infiniment reconnaissant d'avoir accepté de prendre ce risque.

Le procédé TCH est protégé par l'exclusivité de la propriété d'auteur (Code de la propriété intellectuelle Art. L.335-2 et L.335-3. Certificat de dépôt Copyright France n° 9PZ81 HA).

Avertissement de l'auteur

Glossaire

CAC : conscience analytique cérébrale

Chakra : terme sanskrit aujourd'hui plus connu pour désigner des « centres spirituels » ou « points de jonction de canaux d'énergie » issus d'une conception du Kundalinī yoga et qui sont localisés dans le corps humain. Selon cette conception, il y aurait sept chakras principaux et des milliers de chakras secondaires

CIAM : communication induite après la mort

CIE : conscience intuitive extraneuronale

ECG : électrocardiogramme, mesure de l'activité électrique du cœur

EEG : électroencéphalogramme, mesure de l'activité électrique du cerveau

EMI : expérience de mort imminente

EMP : expérience de mort provisoire

ET : extraterrestre

Expérienceur : personne ayant vécu une EMI ou une EMP

NDE : *Near Death Experience*, expérience proche de la mort

OBE : *Out of Body Experience*, expérience hors du corps

Remote Viewing : vision à distance sans déplacement du corps

TCH : Trans communication hypnotique, communiquer avec l'au-delà par l'hypnose

TCHiste : personne ayant participé à une TCH

TCI : Trans communication instrumentale, communiquer avec l'au-delà par l'intermédiaire d'instruments électroniques visuels ou phoniques

J'aime ceux qui sont dans les marges.
Pas forcément parce qu'ils sont
dans les marges, mais surtout parce que
ceux qui les y ont mis sont des cons.

Gérard DEPARDIEU, *Monstre*,
Éd. Le Cherche Midi, 2017

Quoi que vous puissiez faire,
quoi que vous rêviez, commencez-le.
La hardiesse a du génie,
de la force et de la magie.

GOETHE

C'est devenu une sorte de rituel le samedi matin.

Cela se passe dans un hôtel d'une grande ville, en général un Mercure ou un Novotel, parfois un Sofitel ou plus rarement un Pullman ; enfin, ce genre d'établissement où on peut louer une salle rectangulaire moquettée de cent cinquante mètres carrés minimum pour un alignement de tables disposées en « U » sur une quarantaine de mètres, quarante-trois chaises et autant de fauteuils qui accueilleront des participants souhaitant se faire hypnotiser. On appelle *TCHistes* ces singuliers expérimentateurs, car ils bénéficieront d'une séance de ce que j'ai nommé la trans communication hypnotique ou TCH.

Vers 8 h 30, je les vois arriver en buvant un café noir agrémenté d'un croissant, d'un bol de céréales et d'une coupelle de fruits frais arrosés de lait végétal. Je savoure ce moment, car je sais que la journée finira très tard ; la plupart du temps bien après minuit à l'issue des trois ateliers programmés. Celui de 15 heures suivra la séance de 9 h 30, tandis que le dernier débutera à 20 h 30 précises.

En général, je suis dans un coin de la salle de restaurant, celui qui permet d'observer les entrées dans le hall sans trop se faire remarquer. Il est très facile de les identifier ; ils portent un sac qui contient une grande couverture et un coussin. Dociles et attentifs aux consignes qui leur ont été données par mail ou par téléphone, ils n'ont pas oublié l'épais tissu qui leur permettra de ne pas trop grelotter quand ils seront sous hypnose. Ils ont appris récemment que la température du corps pouvait baisser d'environ deux dixièmes de degré toutes les dix minutes, et ils savent aussi que cet état si mystérieux dans lequel ils plongeront bientôt durera à peu près une heure et vingt minutes. Le coussin permet de ne pas avoir trop mal au cou, car leurs muscles seront totalement relâchés, si bien qu'en fin de séance leur tête leur semblera aussi lourde qu'une grosse pastèque reposant sur un fil de nylon.

Ces aventuriers qui veulent tester les pouvoirs mystérieux de leur propre conscience ne pourront prétendre au titre de TCHiste que trois heures trente plus tard, quand ils auront vécu leur fameuse expérience. Certains sont toutefois déjà initiés et en sont à leur deuxième, troisième, voire quatrième atelier.

TCH : l'acronyme m'est venu spontanément et naturellement quand j'ai eu l'idée de mettre en place cette technique particulière de communication avec ce que certains appellent l'au-delà. Puisque l'on nommait déjà trans communication instrumentale ou TCI les mises en contact avec les défunts par l'intermédiaire d'instruments tels que les magnétophones, les écrans de télévision ou les ordinateurs, il me sembla logique de parler de TCH lorsque ces « relations *post mortem* » s'effectueraient sous hypnose.

J'adore inventer des concepts résumés par un groupe de mots et je dois avouer sans aucune forfanterie que quelques-unes de mes trouvailles ont reçu un certain écho puisqu'elles sont reprises ici ou là dans des magazines spécialisés ou différents médias par d'autres scientifiques qui s'intéressent à mon sujet de prédilection : la vie après la mort. Par exemple, j'ai baptisé CAC ou conscience analytique cérébrale ce que les Orientaux désignent comme étant le « mental » : ce fameux ronronnement aussi assourdissant que constant émis par nos petits neurones, qui nous empêche d'avoir accès aux informations subtiles de notre CIE ou conscience intuitive extraneuronale[1]. Ce que je nomme CIE n'étant en fait pas très différent de « l'Esprit » des spiritualistes. J'ai aussi inventé le terme d'expérience de mort provisoire ou EMP qui est de mon point de vue une terminologie plus adaptée qu'EMI ou expérience de mort imminente lorsque l'on évoque les fantastiques expériences vécues par certaines personnes en coma profond quand leur cœur a cessé de battre. Effectivement, on sait depuis mars 2001 qu'il ne faut que quinze petites secondes d'arrêt cardiaque pour se retrouver en état de mort clinique[2]. Ce qui veut dire clairement que tous ces rescapés sauvés par des défibrillateurs automatiques ou par d'autres manœuvres plus complexes de réanimation ont bien connu la mort ; celle-ci n'était pas imminente ou proche (*Near Death Experience* ou NDE),

---

1. Les notions de CAC et de CIE sont exposées dans une thèse de doctorat en médecine que j'ai dirigée. Ce travail a été récompensé par une mention très honorable avec félicitations du jury : Lallier F., *Facteurs associés aux expériences de mort imminente dans les arrêts cardio-respiratoires réanimés*, thèse de doctorat en médecine, Reims, 2014.

2. Visser G. H., Wieneke G. H., Van Huffelen A. C., De Vries J. W., Bakker P. F., « The developpement of spectral EEG changes during short periods of circulatory arrest », *J. Clin. Neurophysiol. Off Publ. Am. Electroencephalographic Soc.*, mars 2001, 18(2), p. 169-177.

mais bel et bien déjà présente, car il faut évidemment largement plus de quinze secondes pour ramener un patient à la vie, surtout quand il est réanimé à domicile ou sur la voie publique par les services d'urgence.

La TCH et la méditation permettent de se connecter avec notre CIE en mettant en sourdine les informations de notre très bavarde CAC. Voilà le principe. En général, quand nous avons une décision importante à prendre, nous activons aussitôt notre CAC pour trouver une solution en pesant le pour et le contre, en faisant des suppositions, en imaginant les conséquences de nos actes ou en créant des fausses peurs. Nous tournons en boucle les problèmes sans trouver d'issue et nous avons très mal à la tête.

Toutes ces réflexions et ces ruminations ne servent à rien, car la solution ne se trouve pas dans nos neurones. Elle est extraneuronale ; oui, c'est ça, dans notre CIE.

C'est en méditant que j'ai pris les meilleures décisions de ma vie.

Et alors que ma CAC me disait « Non tu es fou, ne fais surtout pas ça », ma CIE me criait juste l'inverse.

J'ai appris que notre intuition nous guide mille fois mieux que la réflexion ou que la logique du plus puissant des ordinateurs.

Il faut suivre ses intuitions en accordant sa confiance aux différents messages qu'elle nous délivre.

Au fur et à mesure que le temps passe et que le niveau de ma deuxième grande tasse de café baisse, les futurs TCHistes défilent de plus en plus pressés devant moi. Sans doute la peur d'être en retard ou de louper quelque chose d'important. Certains avancent timidement, d'autres cherchent à accrocher un regard complice en ébauchant une sorte de sourire forcé, d'autres encore sont en couple et se tiennent par la main. Beaucoup de jeunes ; des parents d'une trentaine d'années qui ont sans doute perdu un enfant ou un nourrisson ; des adolescents venus simplement pour tenter de vivre une expérience aussi étonnante que celle du saut à l'élastique. Il y a aussi des confrères curieux. Je les flaire à un kilomètre, ceux-là, pas besoin qu'ils se présentent.

Parfois émerge des conversations confidentielles un rire nerveux déclenché par une plaisanterie ou la réflexion humoristique d'un participant qui souhaite détendre la lourdeur de l'instant. Certains viennent de loin, de très loin même, ils ont pris des avions, ont roulé de longues heures en voiture. Difficile de savoir si les regards sont rougis par la fatigue ou par des drames récents. Je connais leurs attentes et leurs craintes. Même s'ils savent que pour que l'expérience réussisse, il ne faut avoir aucun souhait particulier, la plupart sont là pour entrer en contact avec un être cher passé de l'autre côté du voile. Leur crainte est celle de l'échec. Impossible d'évacuer cela. Impossible. Alors oui, ils avancent humblement, le dos voûté par l'épreuve qui les a récemment cassés en deux en s'efforçant de faire confiance à l'univers ; ils se préparent à vivre un moment qui sera de toute façon important. Ce sera soit une grande frustration, soit une des plus belles expériences de toute leur vie.

Sur le premier millier de TChistes étudié, seulement 669 personnes (67 %) pensent avoir obtenu un contact avec un ou plusieurs défunts[1]. Les résultats du questionnaire complété à l'issue de chaque séance ne laissent planer aucune ambiguïté ; personne n'est dupe, rien n'est garanti. Le slogan « satisfait ou remboursé » ne peut ici être appliqué. Pourtant, malgré ce risque d'échec notoire, nos ateliers bénéficient d'un succès sans précédent. Nous ouvrons la billetterie chaque premier du mois à minuit pour les 12 ateliers du mois suivant et les 516 places sont la plupart du temps vendues en seulement quelques heures. Les plus prévoyants programment une alarme nocturne qui les réveillera afin d'obtenir leur ticket avant le lever du jour !

Et c'est bien cet engouement-là, relayé par les réseaux sociaux et le bouche-à-oreille, qui me pousse à poursuivre l'aventure, car les embûches et les coups tordus visant à stopper la TCH ne manquent pas, à commencer par la censure obligatoire des médias traditionnels. Ce n'est pas de la paranoïa, c'est un constat. Je sens tous ces canons de fusil pointés sur ma tête par les impétrants et les jaloux qui ont le doigt sur la détente. Jusqu'à présent, j'ai pu éviter toutes les balles mais jusqu'à quand ? Les jaloux me font briller et mes amis me les font oublier comme dirait l'autre, mais bon, il y a des moments où je me passerais bien de luire, car c'est précisément cela qui attire les regards envieux. Pour la jalousie, c'est bon, on peut comprendre ; vouloir détruire l'autre pour prendre sa place est hélas une réaction on ne peut plus répandue parmi la race humaine, mais *quid* des impétrants ? De ceux qui agissent au nom d'une autorité ou d'un système

---

1. Étude réalisée par Antoine Guillain, attaché de recherche clinique, 1 bis rue du Pont-Saint-Pierre, 31300 Toulouse, antoine@live.com.au Siret : 828 569 566 00023.

en place ? Oui, pourquoi m'en veut-on autant ? Pourquoi cet acharnement à vouloir stopper une technique qui apporte autant de bienfaits aux gens ? Car il est bien entendu que si la TCH n'était qu'une vaste fumisterie servant à enrichir ceux qui la pratiquent, comme le disent mes détracteurs, ce succès inouï n'existerait pas. Désormais, à l'issue de cinq ans de pratique, la démonstration est faite, je n'ai plus rien à prouver.

C'est très facile à comprendre. Je vous explique.

Rien à voir avec une théorie complotiste ou une autre manœuvre calculée dans un but précis, c'est plutôt une logique, un enchaînement de mécanismes qui aboutit à déclarer l'omerta sur tout ce qui risque de mettre à mal les fondements d'une société matérialiste bloquée sur des dogmes que l'on pense immuables.

La France est le premier consommateur de psychotropes par habitant au monde. Plus d'un quart des Français consomme des anxiolytiques, des antidépresseurs, des neuroleptiques ou des somnifères ; 150 millions de boîtes sont prescrites chaque année dans notre pays ! Le marché est énorme et n'en finit plus de grossir. Et nos très puissants laboratoires pharmaceutiques déploient tous leurs efforts pour conserver ce triste record d'hyperconsommation. Les *labos* ont les moyens financiers de contrôler les annonceurs qui alimentent par leurs publicités les plus grands diffuseurs d'informations : magazines, journaux, stations de radio et chaînes de télévision. Eh oui, sans la « pub », ils disparaîtraient tous ! Il ne faut pas faire fuir les annonceurs en diffusant des idées subversives, car cette manne est pour eux vitale. C'est aussi simple que cela. La règle est donnée : tout ce qui peut contribuer à gêner le business en cours doit être éliminé ; les idées dérangeantes, les médecines douces, les approches thérapeutiques alternatives sont les ennemies d'un des plus gros marchés de notre pays : celui qui fait tourner la planche à billets.

Ce n'est pas un hasard si l'on essaie de faire disparaître l'homéopathie qui a l'inconvénient d'apaiser certains maux à moindre coût ; son déremboursement vient d'être décidé et son enseignement universitaire est sur le point d'être supprimé. L'acupuncture sera certainement la prochaine cible. La TCH est dans le collimateur, et pourtant après seulement une ou deux séances, pas mal de participants ont pu abandonner de lourds et longs traitements psychotropes avec l'aval de leurs médecins traitants. De nombreux généralistes ou psychiatres, démunis devant les douleurs du deuil ou les angoisses de la mort liées à de graves maladies associées à une fin de vie prévisible à brève échéance, nous adressent volontiers leurs patients. Pourquoi ne le feraient-ils pas ? Ils ont constaté les effets bénéfiques de la TCH dans ces situations quand ils sont à court de moyens probants puisque les ordonnances ne sont pas indéfiniment extensibles. Certains d'entre eux souhaitent aller plus loin et rejoindre nos formations pour pratiquer eux-mêmes la TCH en cabinet.

La dizaine de milliers de retours d'expériences que nous avons collectée est plus qu'encourageante et nous pousse à poursuivre ce travail de recherche et d'investigation malgré toutes les barrières qui se dressent sur notre route.

Bien souvent, il m'arrive de me demander ce qui me pousse à avancer dans cette recherche si compliquée qui suscite autant de controverses que d'attaques. On me pose fréquemment la question. Il est vrai que je pourrais être beaucoup plus tranquille.

J'ai un bon métier qui me permet de gagner confortablement ma vie et certains de mes confrères, surtout ceux du Conseil de l'ordre, ne comprennent pas pourquoi je ne me contente pas de l'exercer en occupant mon temps libre à jouer au golf ou à voyager, plutôt que de risquer de le perdre définitivement.

Pour eux, je suis une véritable énigme. J'avoue que j'ai parfois eu des périodes de découragement, mais à aucun moment je n'ai eu l'idée de renoncer. Jamais. Tous ces gens qui m'écrivent ou m'interpellent dans la rue pour me remercier, qui me disent que depuis leur TCH leur vie a changé, qu'ils sont guéris de leurs malheurs ou de leurs douleurs, qu'ils n'ont désormais plus aucune envie de se suicider, qu'ils ont compris que l'amour était ce qu'il y avait de plus important sur cette planète, oui, toutes ces personnes m'interdisent de baisser les bras. Elles sont mon seul moteur dans l'action, et je peux dire qu'il est extrêmement puissant, qu'il pourrait abattre les montagnes les plus hautes et les plus difficiles à franchir.

Au moment où je rédige ces lignes, je repense à ce qu'il s'est passé la semaine dernière sur la rocade de Toulouse. J'étais coincé dans un embouteillage au volant de ma voiture. On avançait par petits bonds de cinq mètres tout au plus. Mon moral n'était pas au top, car je venais de recevoir une nouvelle convocation au Conseil de l'ordre au sujet de la TCH, encore une... Sur la file de droite, une conductrice me fit signe de baisser ma vitre côté passager, elle avait visiblement quelque chose d'important à me dire. J'exécutai son souhait sans délai. Elle hurla : « Bravo, courage, continuez, on est avec vous, ne lâchez rien ! » Son amie, à ses côtés, m'offrit un large sourire en levant son pouce vers le haut. Je remercie infiniment ici tous ces amis visibles et invisibles qui sont toujours là au bon moment. Sans eux, rien de tout cela n'aurait été possible.

Mais revenons à ce moment privilégié du petit déjeuner qui précède ma journée de TCH.

Conscient du travail que je dois accomplir pendant les seize heures à venir et du peu de temps dont je dispose pour être au calme, tout le monde me fiche la paix. Celles et ceux qui me reconnaissent m'adressent de loin un petit signe de la main ou un léger hochement de tête, mais rien de plus. Les gorgées de café chaud, les bouchées de viennoiseries et de fruits frais peuvent se succéder sans que je sois dérangé.

Je fus toutefois interrompu le lundi 23 juillet 2018 à Nantes par une femme brune et élégante. L'intruse s'approcha timidement de ma table. Environ la quarantaine, plutôt jolie et d'une humeur joyeuse, elle tendit vers moi un magnifique collier de coquillages :

« Tenez, c'est un cadeau pour vous. Dans mon pays on offre toujours un cadeau de bienvenue quand on vient visiter quelqu'un.

— Vous venez de loin ? lui demandai-je en mettant son offrande autour de mon cou.

— De Nouméa, j'ai parcouru 22 000 kilomètres pour faire cet atelier. »

En entendant cela, j'avalai de travers. Entre deux quintes de toux, je me levai pour attraper un siège, l'invitant à s'asseoir en face de moi.

« Mais euh, comment dire ? Vous n'êtes quand même pas venue de Nouvelle-Calédonie jusqu'ici rien que pour faire cet atelier ?

— Si, si, je ne suis ici que pour ça... Je suis arrivée hier à Paris, j'ai pris un train pour Nantes et je repars demain à Nouméa. Je veux faire cette TCH, car j'espère voir mon frère récemment décédé. »

Je me suis senti mal. Des gouttes de sueur perlèrent instantanément sur mon front. Le petit coup de serviette rapide que je donnai le plus discrètement possible pour les éponger me fit penser que cette femme devait croire que j'avais attrapé une sorte de grippe soudaine qui me donnait une fièvre tout aussi brutale.

« Mais… euh… cela veut dire que vous auriez parcouru plus de 40 000 kilomètres pour faire cet atelier : le tour de notre planète pour une TCH de trois heures et demie ?! dis-je en riant nerveusement pour lui signifier ma stupéfaction.

— Exactement ! J'ai fait le tour du monde pour venir vous voir, ah ah ah ! »

Je n'en revenais pas. Je l'assaillis de questions. La future TCHiste ne roulait pas sur l'or. Elle tenait près de Nouméa une échoppe de toilettage pour chiens et ce voyage était le fruit d'un gros sacrifice financier. Cette précision ne fit que renforcer mon angoisse. J'imaginais sa déception si son frère ne se manifestait pas lors de son hypnose. Je me voulus apaisant, lui mentionnant que les contacts avec les défunts n'étaient pas systématiques et qu'ils se faisaient d'autant moins quand l'attente était trop forte. Elle me répondit qu'elle savait tout cela, que c'était le cadet de ses soucis et que même s'il ne se passait rien, elle serait quand même heureuse d'avoir pu me rencontrer et d'avoir eu la possibilité de vivre cette expérience extraordinaire. Je n'en crus pas un mot, mais cela me rassura un peu. Les rôles étaient inversés : c'est elle qui devait calmer ma peur de l'échec, un comble ! Décidément, cette femme ne faisait rien comme tout le monde : elle avait osé interrompre mon petit déjeuner, m'offrait un cadeau de bienvenue alors qu'elle était en visite en métropole, et maintenant elle essayait de dissiper ma crainte du fiasco intégral.

Je priai le Ciel pour que tout soit juste.

Après mon atelier, ma petite équipe et moi l'invitâmes à partager notre frugal déjeuner qui précède la séance de l'après-midi : la fameuse salade César agrémentée d'une bière pression. J'étais impatient de savoir. Mais Sylvie Marsais (car tel est son nom) ne fut pas très bavarde. Bien qu'elle semblât très satisfaite de sa séance, nous restâmes sur notre faim. « Je préfère vous écrire. J'ai trop à dire. Vous recevrez très vite mon compte rendu », me dit-elle en se dirigeant vers son taxi qui devait la conduire à la gare. Avant de nous séparer, je notai à la hâte son adresse postale sur un bout de nappe en papier pour lui envoyer mon dernier livre dédicacé et me permis de l'embrasser chaleureusement.

Trois semaines plus tard, voici ce que je reçus sur ma boîte mail :

Cher Dr Charbonier,

Depuis notre rencontre, je ne cesse de penser au merveilleux voyage que vous m'avez permis de vivre. C'est à l'autre bout de la Terre que je rêvais de participer à l'un de vos ateliers de TCH. Ce rêve se réalise enfin ce lundi 23 juillet à Nantes.

Ce matin-là, je suis si impatiente de vous rencontrer que je suis très en avance pour la séance. Soudain, je vous aperçois prenant seul votre petit déjeuner à l'hôtel Mercure. Je suis d'un naturel timide et je n'ose pas vous approcher. Pourtant, une petite voix me pousse à faire les quelques pas qui nous séparent. Me voilà en face de vous, tellement émue que je ne sais pas très bien comment me présenter. Votre écoute et votre accueil chaleureux me mettent à l'aise.

Merci, cher Docteur, de m'avoir accordé un peu de votre temps, merci pour ces précieux moments qui resteront à jamais gravés dans ma mémoire.

Puis vient le moment de la séance d'hypnose, je n'ai aucune attente, même si je souhaite au plus profond de mon cœur revoir mon cher frère brutalement décédé en 2012. Je suis prête.

Votre voix m'envoûte, me captive, je suis immédiatement sous le charme, malheureusement ma CAC m'empêche de me laisser aller, je n'arrive pas à la faire taire. Je ne suis pas « cette énergie blanche » que vous évoquez dans votre hypnose, je suis toujours dans cette grande salle avec le sentiment que tout le monde est déjà parti.

Quelques instants plus tard, je tourne la tête et j'aperçois la Terre au loin, elle est si éloignée qu'elle ressemble à une petite balle bleue.

Me voici maintenant assise sur un banc dans une sorte de brume. J'attends…

Puis des ombres de visages inconnus se dessinent. Celui de mon cher frère défunt apparaît et s'approche tout près de moi. Il est tout près, de plus en plus près, si près que je pleure tant je suis submergée par mes émotions. Son visage s'approche très vite du mien, puis recule, il fait ce mouvement à plusieurs reprises comme s'il était surpris de ma présence et qu'il voulait s'assurer qu'il s'agissait bien de moi. Sa tête est ronde, elle ressemble à une fleur de tournesol.

Plus loin se trouve une fenêtre triangulaire à travers laquelle je vois clairement le visage de mon cher cousin décédé le 29 janvier dernier. Il est dans une ombre épaisse, je le reconnais bien, il a les cheveux longs, il est jeune et beau, il m'observe sans bouger. Nous nous regardons, mais je ne sais pas pourquoi, je ne peux l'approcher.

Le visage de mon cher frère a disparu, mais j'aperçois sa silhouette qui marche sur une allée bordée d'arbres, je reconnais sa démarche, cette fois-ci je le vois entière-

ment. Je cours vers lui, et me jette dans ses bras. Il me demande : « Mais qu'est-ce que tu fais là ? »

Trop tard pour lui répondre, votre voix dissipe la brume, mais j'ai le temps de reconnaître ma petite chienne Zoé que mon frère tient délicatement dans ses bras. J'étais très attachée à ce drôle de petit animal, et sa disparition avait été très douloureuse.

Puis un rideau s'ouvre sur une ville très colorée, ses formes sont géométriques. Je reconnais mes grands-parents paternels que j'ai tellement aimés, je flotte au-dessus d'eux. Ils marchent bras dessus bras dessous dans une rue éclairée. Ils sont beaux et jeunes, je ne les ai jamais connus à cet âge-là, mais je les reconnais. Ma grand-mère se retourne, me regarde et rit.

Votre voix m'entraîne maintenant plus haut vers une lumière intense, je n'en aperçois qu'une partie, je m'agenouille et demande avec ferveur des réponses aux questions que je me pose actuellement au sujet de ma vie. J'obtiens instantanément toutes les réponses.

Lorsque votre voix nous demande de revenir sur notre Terre, je ne suis pas prête, je veux rester plus longtemps. J'ai encore tant de choses à découvrir... pourtant je suis bien de retour dans cette grande salle, mais remplie d'une belle énergie.

Merci infiniment, cher Docteur, pour cette expérience extraordinaire, merci de m'avoir fait découvrir le monde subtil des esprits.

Merci d'exister.

Votre voix me manque beaucoup... J'aimerais tant la réentendre.

À quand un atelier de TCH en Nouvelle-Calédonie ?

Permettez-moi de vous embrasser, cher Docteur.

Bien à vous,

Sylvie Marsais

On peut facilement imaginer mon soulagement quand j'ai reçu ce mail. À croire que ma prière fut entendue : ouf, merci !

Sylvie écrit que l'entité contactée est surprise de l'arrivée de sa sœur dans l'autre monde et se demande même comment elle a bien pu réaliser cette prouesse. Voir apparaître les vivants dans le royaume des morts serait donc aussi surprenant que l'inverse ! Ces réactions sont assez fréquentes dans nos ateliers. Les personnes défuntes auraient la possibilité de reconnaître les TCHistes qui viennent les visiter lors d'une séance. On peut imaginer leur surprise. « Mais qu'est-ce que tu fais là ? » interroge le frère de Sylvie. Il approche et éloigne plusieurs fois son visage du sien comme quelqu'un qui veut s'assurer qu'il n'est pas victime d'une hallucination. Une entité de l'autre monde qui pense halluciner, trop drôle non ?

Dans sa TCH, ce sympathique chauffeur routier qui s'intéresse depuis peu à la spiritualité et dont nous lirons le témoignage plus loin a aussi eu cet improbable dialogue avec une entité : « Mais qu'est-ce que tu fous là ? » lui demande-t-on quand il arrive dans l'au-delà. « Bah, je veux voir ma famille, c'est comme ça, j'ai payé pour ça en plus ! »
Pierre Sébastien, TCH du 25 avril 2019 à Caen.

*
* *

J'ai reçu des centaines de courriers de gens qui, perdus dans leur épreuve de deuil et ne sachant plus à qui livrer leur douleur pour qu'elle soit prise en compte, ont trouvé lors de leur TCH un apaisement significatif. Revoir un être cher passé dans l'autre monde, humer à nouveau son odeur oubliée, son parfum, recevoir de lui une caresse, une étreinte, réentendre sa voix, son rire, recevoir ses pensées et ses conseils par télépathie, ou simplement ressentir sa présence, bref toutes ces choses qui se produisent en TCH, ont un effet thérapeutique certain que personne ne peut nier. Même si on ne croit pas à la réalité de ces contacts, tous ces vécus subjectifs rassurent et réconfortent.

Comment pourrait-on penser le contraire ?

Il serait bien sûr fastidieux et lassant de lire l'ensemble de ces comptes rendus tant ils se ressemblent. Voici cependant quelques courts extraits de courriers que j'ai sélectionnés parmi les témoignages inédits les plus récents. On lira que les contacts avec le monde invisible sont le plus souvent établis dans le but de rassurer ou d'apaiser la personne en deuil. De manière générale, les messages sont à peu près les mêmes. Le monde spirituel n'est pas un monde sinistre et austère, bien que nous ayons eu quelques rares cas où les expériences ressemblaient plutôt à une visite guidée de l'enfer.

Celles et ceux qui ont rejoint l'autre dimension nous recommandent de ne pas nous prendre au sérieux, nous n'aurions aucune raison d'être tristes ou malheureux, nous serions sur ce plan terrestre pour faire des expériences qui nous aideraient à grandir spirituellement. « Rien n'est grave et tout est juste », nous disent-ils encore. Ce fameux message récurrent – « Rien n'est grave et tout est juste » –, qui parvient fréquemment aux TCHistes de différentes façons, est bien sûr totalement incompréhensible et même profondément choquant quand on subit une épreuve douloureuse, car on pense précisément l'inverse.

En automne 2018, je ne sais plus dans quelle ville de France nous étions, une dame d'une soixantaine d'années m'interpella à la fin de la présentation qui précède l'hypnose :

« Je ne comprends pas quand vous dites que rien n'est grave et tout est juste. Vous trouvez qu'Hitler c'est juste, et que les viols et les meurtres d'enfants, ce n'est pas grave non plus ?

— Vous m'avez mal compris, ce n'est pas moi qui le dis, c'est une injonction assez fréquente envoyée par l'au-delà et reçue en TCH. Moi, je suis comme vous, j'ai bien du mal à comprendre cela. Il n'y aurait que de l'autre côté que tout s'expliquerait. Beaucoup de personnes en arrêt cardiaque ont dit la même chose : dans l'au-delà, tout s'expliquerait, même les pires choses. Jean Morzelle, qui a vécu une NDE après avoir reçu une balle de fusil en pleine poitrine, disait : "Quand j'étais dans cette lumière d'amour énorme, je savais tout sur tout, tout avait une explication logique, Hitler et le reste, mais maintenant que je suis revenu, je ne sais plus rien, sauf que je sais que j'ai su !" »

La femme encaissa mes propos. Elle agita un moment son étrange chignon gris en dodelinant de la tête comme pour mieux digérer ce que je venais de lui dire, puis finalement s'assit.

Mon interlocutrice reprit la parole environ deux heures plus tard, quand on lui tendit le micro au moment de notre débriefing suivant son hypnose. Elle pinça ses lèvres et dit, visiblement émue : « J'ai vu mon premier mari décédé il y a onze ans aujourd'hui. Il m'a prise par la main et j'ai senti son parfum… »

Décidément, je n'arrivais pas à me faire à sa singulière coiffure. Quand elle regarda la moquette ou ses pieds, je ne sais pas trop, car elle était trop éloignée pour que je sache sur quoi son attention était fixée, on eut dit qu'un vieux caniche nain venait de mourir sur sa tête.

Elle poursuivit : « …Il était bien plus jeune qu'au moment de son décès. Là, il devait avoir une trentaine d'années environ. Il m'a dit que je me faisais du souci pour rien, que je ne devais plus m'en faire, que tout ce qui m'arrivait était bien de toute façon… Voilà… ça m'a fait du bien. »

Je ne pus m'empêcher de commenter son intervention.

« Si je comprends bien, il vous a dit que rien n'est grave et tout est juste, c'est cela ?

— Euh… Eh bien oui, c'est ça, vous avez raison, c'est bien ce qu'il m'a dit. »

Certains TCHistes reçoivent lors de leur séance des réponses à des questions que nous nous posons tous : par exemple, pourquoi certains d'entre nous doivent-ils vivre des expériences de fin de vie aussi désagréables ? Cette question soulève bien sûr toute la problématique autour de la « gestion » de la fin de vie et les débats sans fin sur l'euthanasie.

L'expérience de TCH de Jérémy Fryson vécue le 7 septembre 2019 à Lille nous en explique la raison.

[…] Puis je plonge. Loin, très loin, je rate même certaines indications, mais je me laisse porter en essayant de ne pas analyser…

J'entame un échange assez drôle avec mon père qui débarque (il suffit que dans cet état hypnotique on pense à eux pour qu'ils soient là et on peut entamer un dialogue intérieur, et oui, ils nous parlent et nous répondent). D'abord ironique, typique de sa personnalité, mais je ne ressens pas d'agressivité : « Mais qu'est-ce que tu es en train de faire, là ? » Je lui

demande : « Pourquoi tu te présentes comme ça ? »
Je le vois avec un chapeau et une canne, l'image que
m'avait décrite mon frère de ses derniers jours et il me
répond : « Bah pour que tu me reconnaisses ! » Le ton
est donné. Ensuite il m'emmène dans la cuisine de
la maison familiale et il m'engueule : « Regarde tout
ce que j'ai perdu, en me montrant la famille, et toi tu
n'en profites même pas ! » Je ne vais pas beaucoup les
voir, c'est vrai. Je comprends qu'il est avec sa sœur
morte quelques années avant et qu'il aime beaucoup.
Je n'y avais jamais pensé avant… Je navigue ensuite
entre plusieurs états, je demande des conseils à ce que
Jean-Jacques Charbonier appelle « la lumière divine ».
On m'emmène alors au Mexique, on me dit et on me
montre que je dois aller marcher de jour à la pyramide
de Chichén Itzá, entre les monuments. Bon, ça tombe
bien, j'y vais dans un mois !

Je vois aussi une peau de bête, visiblement une vie
antérieure et on me dit : « Arrêtez de faire du mal aux
animaux, vous en avez assez fait. »

Puis je demande si mon grand-père, très âgé et
diminué, allait vivre encore longtemps, car je trouve
que ça n'a plus trop de sens qu'il « végète » ainsi. On
me répond : « Chaque seconde compte, il expérimente
sa vie jusqu'au bout, il l'a choisie, expérimenter la
vieillesse, chaque seconde d'expérience vaut d'être
vécue, même là, dans ces conditions. »

Une expérience troublante, car pour une fois je suis
à la place de celui qui reçoit les messages directement,
en groupe, et pas à la place du praticien.

Cette méthode, équivalente à l'hypnose régres-
sive ou introspective que je pratique, avec une mise
en scène qui permet d'aller très loin, une technologie
qui aide à se plonger en soi, fut une expérience très
intense dont je ne mesure pas encore tous les tenants
et aboutissants.

Hâte de voir comment on peut travailler à rassembler tous ces savoirs.

Le défunt peut se manifester pour donner un conseil utile au TCHiste, comme dans les trois témoignages qui suivent. L'arrière-grand-père de Sarah, la mère de Marie ou encore la grand-mère de Yannick offrent de précieuses lignes de conduite à leurs interlocuteurs.

[...] Je regarde autour de moi et je vois mon arrière-grand-père s'approcher, très ému. Je suis surprise, car il est décédé peu de temps après ma naissance, je n'ai donc aucun souvenir de lui.

Il me demande de « me foutre la paix », de penser un peu plus à moi, de ne pas avoir honte de couper certains liens néfastes et d'arrêter de me sacrifier en menant une vie qui ne me correspond pas. Il pleure, je ne sais quoi lui dire à part « pardon ». Il me demande de lui promettre d'oser vivre, aimer, de balayer les barrières depuis trop longtemps installées et d'assumer enfin qui je suis, car c'est beau.

Un nuage se forme et il disparaît.

Sarah Parisot,
TCH du 2 juin 2019 à Metz.

[...] Je commence à sentir ma mère. Depuis son décès en décembre 2016, je sens très régulièrement sa présence, surtout quand je suis en voiture. Elle a ses cheveux, elle a l'air bien. Elle est contente que je vienne la voir chez elle. Elle m'accompagne, elle me parle, me dit que je n'ai pas à m'inquiéter, que tout ira bien avec mes enfants, qu'elle est là, qu'elle me protège et qu'elle me voit. Elle m'emmène de façon très brève vers les orchidées chez mon père, à l'endroit où repose son urne.

Elle a l'air apaisée.

Elle me dit aussi de lire les cahiers qu'elle a écrits, qu'ils sont pour moi, et que de toute façon personne d'autre ne les lira. Elle me dit de continuer à avancer selon mes aspirations et mes passions.

Je vois mon grand-père paternel qui me sourit, avec son sourire qui me ramène à tant de souvenirs. Je vois Nina et Belle, deux chiennes décédées.

Marie Mouktar,
TCH du 26 mai 2019 à Besançon.

[...] Ma grand-mère maternelle est apparue, souriante, radieuse. J'ai pleuré de joie et j'ai commencé à avoir du mal à respirer tant l'émotion me serrait la poitrine. J'avais une relation très fusionnelle avec elle. Elle est décédée en 1986. Je n'avais que neuf ans. À l'époque, je n'ai pas compris ce que « mourir » voulait dire. Mes parents ont jugé bon de ne pas m'emmener aux funérailles, ce que je ne conseillerais pas de faire aujourd'hui, car je n'ai pas compris ce qu'il se passait, et cela n'a pas facilité mon travail de deuil. Bref, l'émotion est venue du fait que je ne voyais pas seulement ma grand-mère, mais j'entendais de nouveau sa voix, cette voix que mon pauvre cerveau avait fini par oublier, ce regard plein de vie que les photographies ne peuvent restituer, ce sourire, l'odeur de sa poudre, sa vibration, sa présence...

Elle m'a pris dans ses bras, me disant « Je suis là. Je ne pouvais qu'être là ». Elle m'a ensuite dit avec douceur de me calmer afin que l'émotion ne me sorte pas de l'état dans lequel je me trouvais. Elle m'a dit : « Je suis si fière de toi ! Tout ira bien, ne t'inquiète pas. Avance sereinement, sois apaisé, sois rassuré, nous sommes nombreux à t'entourer, à te soutenir, à t'aimer. Je t'aime. Ta vie va changer profondément, sois prêt à accueillir ce changement avec confiance.

Tout ira bien. Les solutions se présenteront à toi, sois confiant. Je ne t'ai jamais quitté, je suis toujours avec toi, autour de toi. Je t'aime tellement ! »
Elle m'a pris la main, et m'a emmené avec elle à une vitesse incroyable. Tout est devenu flou pour moi, je ne distinguais pas de paysage en particulier, jusqu'au moment où tout s'est ralenti et j'ai immédiatement reconnu le lieu où je me trouvais : j'étais devant le Temple de l'Amour dans le parc du Petit Trianon du château de Versailles.

Yannick Joseph Ratineau,
TCH du 27 avril 2019 à Lyon.

Nous verrons plus loin la suite du témoignage de Yannick qui, une fois arrivé dans ce lieu historique, vit une régression dans une vie antérieure à l'époque de Marie-Antoinette.

Durant sa TCH, mon confrère chirurgien orthopédiste s'est vu remettre des gants scintillants par ses deux parents décédés. Il perçoit ce cadeau comme une aide qui lui serait donnée pour exercer son métier.

[...] Des mots m'ont été alors offerts ; empli de cet énorme amour de mes deux parents, j'entendis : « Tu n'as plus qu'à t'aimer comme on t'aime, nous sommes fiers de toi, tu as beaucoup souffert, mais tu es sur ton chemin, tout est parfait, tu es sur ton ascension. »
Je leur demandai d'apparaître, mon père refusa, car il me dit que ce serait trop dur pour moi, ma mère le fit et je la vis rapidement apparaître comme à 70 ans, elle était gaie et rayonnante comme je ne l'ai jamais vue pendant toute sa vie terrestre.

Ils me prirent les mains en me donnant des gants scintillants.

Je sens que des choses se sont activées en moi pour le meilleur, tout est parfait, tout est toujours parfait...

Dr Étienne Penetrat,
TCH du 1er juin à Metz.

Pour cette consœur neuropsychiatre, c'est sous la forme d'un ange protecteur qu'apparaît Alain, l'amour de sa vie.

[...] À ma droite apparaît maintenant le couple des grands-parents de mon mari ; ils sont ensemble, bienveillants l'un envers l'autre. Puis, j'aperçois Danièle, ma sœur aînée ; elle est âgée d'environ 30 ans, avec ses longs et merveilleux cheveux blonds ; comme elle est belle ! (Elle est décédée en 1994.) Elle rit et joue avec deux enfants qui courent autour d'elle ; ils semblent jouer à chat. Je ne les vois pas distinctement, mais je « comprends » que l'une des enfants est ma petite sœur décédée à la naissance et l'autre, l'un de mes frères, le troisième de la famille, décédé avant terme. Je les vois tous, mais eux ne semblent pas me voir.

Alain, te voilà enfin. Je sens ta présence, mais ne distingue pas tes traits. Toi tu me regardes. Je comprends comme par télépathie que nous devons partir ensemble. Nous survolons une vallée, puis nous retrouvons dans un endroit dont la lumière tamisée nous incite au recueillement. Tu as changé d'apparence, tu es grave, mais bienveillant. Je dirais que tu ressembles à ces anges stylisés dessinés par Jean Cocteau. Vous êtes plusieurs ainsi. Tu me tiens la main gauche et je sais que je ne peux pas aller plus loin. Tu es là près de moi et je ressens que tu es parmi eux désormais et qu'ensemble vous veillez sur nous tous

*les humains avec un sentiment d'amour incondi-
tionnel. J'entends « nous t'attendons ». Je comprends
que je viendrai là après ma mort.*

D^{re} Geneviève Bastard-Haas,
TCH du 24 février 2018 à Paris.

Il y a de plus en plus de confrères qui s'intéressent à la TCH et qui s'inscrivent à mes ateliers. Je note qu'il s'agit souvent de jeunes médecins. Il semblerait que la nouvelle génération de soignants ait déjà compris l'importance de la spiritualité pour gérer les problèmes des malades. Bien sûr, il existe encore des réticences, des crispations, des opposants. Bien sûr. Mais je trouve néanmoins que l'évolution se fait dans le bon sens pour l'intérêt de nos patients.

On me demande souvent de quelle manière je suis perçu par mes pairs avec lesquels je travaille. J'exerce ma profession dans une grosse clinique de Toulouse qui ne compte pas moins de vingt et un anesthésistes. Il est rare que l'on me pose des questions sur mon activité parallèle. J'ai eu quelques discussions passionnantes avec certains chirurgiens ou médecins spécialistes qui s'intéressent à mon travail et qui en ont pris connaissance par hasard (si celui-ci existe...) en me voyant apparaître sur leur écran de télévision ou en m'écoutant à la radio, mais ce genre d'échange est très rare. Ce qu'il est amusant de constater, c'est que ces débats secrets, ces confidences maudites ont eu lieu dans les vestiaires ou dans des salles de repos, à voix basse, quand il n'y avait personne alentour, comme s'il s'était agi de conversations ultra-confidentielles et aussi dangereuses que celles que devaient avoir les résistants pendant l'Occupation allemande. La peur est là, car la répression est sévère et impitoyable. Personne n'a envie de perdre son boulot en révélant des idées qui ne sont pas conformes à ce que certains vieux mandarins imbus de leur pouvoir pensent être le « médicalement correct ». Si on sort des clous avec des idées jugées subversives, on peut très vite se retrouver devant un psychiatre qui va vous expertiser, et être menacé d'interdiction d'exercice, j'en suis la preuve vivante, car oui, j'ai été victime de ces deux choses, mais je vous rassure, je ne suis pas fou et j'exerce encore mon métier, enfin pour le moment, car je suis à nouveau en sursis au moment où j'écris ces lignes.

Alors oui, il est normal que les jeunes praticiens qui sont en début de carrière et qui ont mis plus de dix ans après leur bac pour obtenir un diplôme en passant des concours hypersélectifs se cachent pour exprimer leurs idées sur des sujets aussi tabous que ceux-là. À trop parler, ils risqueraient d'être dénoncés par des « collabos » et perdre très rapidement ce qu'ils ont mis des années à construire. En France, tout est verrouillé. La chasse aux sorcières s'organise et il n'y a aucune liberté d'expression dans ce domaine sensible.

Les médecins restent les plus difficiles à convaincre sur la réalité de l'au-delà. À lire le témoignage de TCH qui va suivre, même arrivés dans l'autre monde, il semblerait qu'ils aient bien du mal à y croire.

Pascale Chauliac fait deux TCH, la première à Toulouse le 12 janvier 2019, la seconde à Lyon le 27 avril suivant. Lors de sa première séance, elle a la surprise de rencontrer un ami qui est aussi un des confrères de son mari. Son époux, chirurgien digestif, a lui aussi fait les deux ateliers.

[...] Apparaît alors un ami décédé, Bernard, psychiatre, qui me donne un message pour sa femme et qui me dit : « Très drôle, moi qui ne croyais en rien, me voilà en train de te parler, qui m'aurait dit que je le ferais ? On n'est pas chez les fous là-haut. »

Elle le retrouve également à Lyon lors de sa deuxième expérience :

[...] À nouveau mon ami Bernard apparaît avec encore un message pour sa femme et pour moi. Il rigole toujours sur le fait que nous nous parlons. Il s'amuse beaucoup avec ça : « Qui m'aurait dit ça ? Trop top là-haut ! »

La rencontre en TCH avec des proches décédés peut induire une véritable guérison de cette douleur lancinante qui s'installe lorsque l'on perd une personne qui nous est chère. Bénédicte nous le rapporte clairement dans son récit.

[...] Je vois un banc blanc, près d'un lampadaire ancien. Le banc se trouve en haut d'une butte et surplombe une ville de nuit, éclairée par toutes les habitations, c'est un endroit calme, serein.

Je m'assois et très vite je vois mon père ! Il s'assoit à côté de moi, ma maman est là aussi, derrière lui, un peu en retrait.

Très vite je pleure et je sens les larmes sur mes joues, je suis si heureuse de les voir. Mon père me parle et me demande pardon, mais aussi à mes frères et sœurs pour tous les moments difficiles que nous avons vécus pendant notre enfance et notre adolescence ! Papa me prend dans ses bras, je me sens apaisée.

Maman vient à côté de moi et elle me serre dans ses bras... C'est très fort, si émouvant. Elle me dit que tout va bien ici, avec papa, et avec toute la famille... Je vois alors apparaître, sortant de nulle part, mes grands-parents, maternels et paternels, des grands-

oncles et tantes que j'ai connus quand j'étais enfant, ainsi que mes arrière-grand-parents maternels que je n'ai pas connus, et le père de mon mari.

J'arrive à échanger avec eux tous, je parle avec mes parents... Je ne peux raconter ces échanges, mais je veux juste dire que mes parents m'ont demandé de ne plus pleurer, de ne plus être triste, que tout allait bien pour eux ici, qu'il fallait que je profite de mon mari, de mes enfants et surtout qu'ils étaient là près de nous à chaque instant !

Ce vécu correspond pour moi à une guérison ; guérison de ne plus être aussi triste quand je pense à mes parents. Je sais qu'ils sont là, mais aussi – et c'est un véritable changement dans ma vie d'aujourd'hui – je suis guérie de mon passé ! Depuis cet échange avec mon père, le ressenti sur mon passé n'est plus le même, je sais qu'il a existé, mais je n'ai plus de larmes, de tristesse, de colère, tout est apaisé, tout est fini, une page est tournée.

Bénédicte Normandie,
TCH de mars 2019 à Caen.

Sandrine Briancourt est infirmière. Confrontée à des deuils personnels et aux souffrances de ses malades, elle expérimente la TCH et m'écrit pour me raconter son expérience qui souligne l'effet thérapeutique de nos séances. Elle exprime aussi dans son mail le même désaccord que le mien sur une certaine forme de médecine.

[...] Je suis un témoin on ne peut plus crédible (non pas que les autres ne le soient pas) puisque je suis infirmière de métier et que je ne relève d'aucune appartenance religieuse. J'ai vécu plusieurs deuils dans ma vie, celui de ma mère en premier, lorsque je venais d'avoir 19 ans. J'ai été sujette à des angoisses de mort depuis lors j'ai suivi plusieurs psychothérapies, analytique, comportementale, et jamais je n'ai réussi à traiter ces angoisses handicapantes (agoraphobie, crises de panique). Mon père est décédé il y a deux ans jour pour jour. J'ai découvert la TCH grâce à un cheminement personnel qui m'y a conduit, je dirais plus exactement, une suite de synchronicités. J'étais dubitative, sceptique, mais qu'avais-je à perdre ? Rien, au mieux tout à gagner.

Le 27 janvier 2018, ma vie a basculé, j'ai été littéralement libérée de toutes mes peurs, celle de vivre, de mourir, de ne pouvoir accepter la mort de mon père. Aujourd'hui, grâce à la TCH, je suis heureuse. J'ose ce que je n'aurais jamais osé avant : vivre sans avoir peur. Alors oui, la TCH est un outil thérapeutique non pas miraculeux, mais juste pertinent, car il répond sainement aux problématiques de deuils non résolus, qui génèrent forcément des troubles psychologiques et métaboliques non pris en compte par la médecine traditionnelle qui se contente d'un traitement par une approche superficielle du patient devenu impatient. Alors, oui à la TCH.

Que ceux qui vous accusent de faire du business soient certains que la jalousie et la peur les tenaillent. Car, oui, le business gangrène aujourd'hui une médecine trop souvent inadaptée, réductrice, et quand une méthode de soins marche, elle menace tout un système lucratif dont les résultats sont insuffisants, voire nocifs, ce qui dérange énormément. Vous êtes une menace pour ces businessmen. Il est temps que les choses changent. Vous êtes dans cette dynamique. Nous, soignants, sommes dans cette dynamique et nous tous la nourrissons.

Merci à vous.

Sandrine Briancourt,
TCH du 27 janvier 2018 à La Rochelle.

De l'avis de tous ceux qui s'intéressent à la spiritualité, le pardon est l'objectif le plus difficile à réaliser dans notre évolution humaine. Le pardon est étroitement lié à la résilience qui consiste, pour un individu affecté par un traumatisme, à prendre acte de l'événement malheureux pour ne plus le faire tourner en boucle dans sa CAC. Le pardon s'offre en général de son vivant ; on essaie de « régler ses comptes » avant de partir pour l'autre monde. Parfois, hélas, le délai est trop court pour réaliser cet objectif. Subsistent alors d'autres moyens pour entreprendre une communication médiumnique. Et il semblerait bien que la TCH soit parfois utilisée ainsi, comme le montre l'extrait de ce témoignage :

[...] Et puis, et puis, la seule personne que je n'attendais pas surgit : Isabelle, la dernière femme de mon papa. Il faut vous dire que cette femme fut pour moi une marâtre, et qu'elle me détestait ouvertement. Elle m'est apparue jeune et belle avec une douceur que je ne lui avais jamais connue... Elle est décédée il y a dix-huit mois à l'âge de 72 ans. J'ai tout fait pour que cette femme m'aime, en vain.

Elle était blonde, comme toutes les femmes de mon père, mais ne me pardonnait pas que celui-ci soit toujours amoureux de ma mère. Ma maman m'a abandonnée à l'âge de quatre ans, et j'ai toujours cherché dans les compagnes de mon papa cet amour maternel si mal vécu... Oh grâce ! Isabelle est venue vers moi, en ce jour de la Fête des mères, pour me demander pardon. Je n'ai rien entendu, cette communication fut comme télépathique, c'était sublime. Elle m'a dit aussi que rien n'est définitif. Ensuite, tout a été brouillé.

J'ai tant pleuré de gratitude… Tout est pardonné bien entendu.

Anne Michel,
TCH du 26 mai 2019 à Besançon.

Le pardon peut aussi se faire dans l'autre sens, quand la personne au même plan terrestre que nous éprouve un sentiment de culpabilité.

Isabelle Coustet est une maman dévastée depuis le décès de son fils Sylvain survenu subitement à l'âge de 17 ans. Son traumatisme est d'autant plus grand qu'elle se sent responsable de sa mort. En effet, quelques jours avant le drame, le garçon présentait déjà les signes d'alerte d'une méningo-encéphalite ; une maladie grave qui, à défaut d'une prise en charge médicale rapide, est trop souvent mortelle à brève échéance. En effet, la grande fatigue, les morsures de langue et les douleurs dans la région des épaules et du dos évoquent d'emblée ce terrible diagnostic. Mais il est bien sûr très facile de refaire l'histoire quand on connaît la fin. Ce ne devait sûrement pas être aussi évident que cela au moment où Isabelle est intervenue. Sa culpabilité est d'autant plus forte qu'une dispute tout à fait inhabituelle a éclaté entre la maman et son fils un jour avant que celui-ci ne parte dans l'autre monde.

Le 12 janvier 2019, soit deux ans et demi après la disparition de Sylvain, Isabelle fait une TCH. Voici un extrait de son courrier.

[…] Je survis à la lisière de la mort et du néant. Seule ma fille de 22 ans arrive à me donner l'envie de vivre. J'avais lu des articles vous concernant ainsi que votre « méthode », quelques-uns un peu à charge, tous les autres très positifs. Une amie m'avait parlé aussi de votre travail. Vu l'état dans lequel j'étais, je

ne risquais de toute façon pas grand-chose. C'est donc sans rien attendre – mais beaucoup quand même – que je suis venue. J'ai d'abord énormément apprécié le fait de ne pas avoir à me présenter, pas de bla-bla inutile, tout est borné, cadré.

C'est donc en confiance que je suis partie « en voyage » en votre compagnie, celle de vos assistants et de quarante autres personnes. Beaucoup n'ont pas eu la chance que j'ai eue d'entendre, de voir mon fils, ainsi que des ancêtres disparus. J'ai pu « dialoguer » avec mon fils. J'ai compris qu'il n'y a pas de regrets après la mort et que par conséquent ma culpabilité est inutile. Je sais que tout est pardonné. Autre point, en réalité tout est juste. Donc les regrets à propos de la vie que mon fils aurait dû avoir et n'a pas eue, n'ont pas lieu d'être. J'ai aussi appris que les bonnes choses peuvent s'additionner côte à côte, même si cette notion est encore obscure pour moi.

J'ai essayé d'être concise pour dire combien mon expérience a été « apaisante », bien que je sois encore aujourd'hui troublée et bizarre.

Je vous remercie ainsi que votre équipe pour ces travaux que vous nous faites partager.

Un défunt peut également se présenter en TCH pour demander que deux personnes vivantes se pardonnent comme on peut le lire dans le témoignage de Marisa Medici, qui m'écrit plusieurs mois après sa TCH faite à Genève, en décembre 2018.

[…] Je tenais à vous raconter, mieux vaut tard que jamais, ce que j'ai vécu et ma guérison suite à une expérience TCH.

Au cours de cette séance, j'ai eu un contact avec un défunt qui m'a délivré un message sur le pardon. À ce moment-là, j'étais très mal après un souci affectif.

*Je me dévalorisais totalement, je me sentais aban-
donnée, en colère, incomprise, j'avais envie de
vengeance, de blesser jusqu'au dégoût, j'étais déçue de
l'être humain...*

*Bref, toutes les émotions que l'ego peut res-
sentir... Ce défunt m'est apparu et m'a transmis :
« Pardonne-lui... » et ce fut comme une nouvelle
compréhension au fond de moi. C'était comme si je
n'avais jamais connu le vrai sens du pardon et que je
venais enfin de le comprendre.*

*Ce sentiment s'est ouvert de plus en plus en moi et
le soir même, je me suis rendu compte que mes émotions négatives s'étaient dissipées... Les choses se sont
éclaircies, j'ai compris...*

Un grand nettoyage s'est fait en moi.

*J'appelle cela une magnifique guérison, qui a l'air
de tenir et qui m'aide à grandir.*

*Je vous remercie pour l'opportunité que vous
m'avez donnée, je remercie cette magnifique âme
qui m'a transportée dans une autre dimension et a
déversé en moi un brin de cette sagesse et cet amour
infini. Je remercie la vie et simplement l'existence de
ce « tout » rempli d'amour inconditionnel et véritable...*

On pourrait se demander si tous ces témoignages
ne sont pas le fruit de l'imagination secondaire à la
résurgence de souvenirs enfouis dans l'inconscient.
Je ne le pense pas, car nous avons obtenu en TCH
bon nombre d'informations qui étaient totalement
inconnues au moment de l'hypnose et qui ont pu
être vérifiées par la suite.

Nicolas Darel ignore tout de cette jeune femme
qu'il rencontre dans sa TCH. Lors du débriefing de

fin de séance, il décrit la mystérieuse personne et donne son prénom, mais cela ne dit rien à personne.

[...] Je suis venu accompagné de ma sœur qui m'a offert cette TCH pour mon anniversaire, et nous avons pu échanger rapidement quelques mots au moment de la dédicace de l'un de vos livres. Je vous ai précisé faire partie des 5 % ayant fait une sortie de corps durant un coma de vingt et un jours suite à un accident de voiture fin 1993.

Lors de ma TCH, j'ai beaucoup voyagé et vu énormément de choses. Mais la plus importante est sans doute l'apparition soudaine d'une jeune fille aux cheveux blonds, d'environ 15-20 ans, qui s'est présentée à moi sous le prénom d'Anaïs. Durant cette « rencontre », j'ai d'abord ressenti beaucoup de picotements, de piqûres sur le visage et ensuite une forte douleur dans les deux genoux et dans les tibias, ainsi qu'un léger sentiment de colère.

Dans les quelques secondes qui ont suivi, la douleur a disparu de manière plutôt étrange. Cette douleur m'a été comme retirée. Elle n'est pas partie comme lorsque l'on prend un médicament, mais comme si on m'avait enlevé quelque chose. Un peu à l'image d'une couverture posée sur les jambes que l'on retire, c'est une sensation compliquée à décrire.

À mon retour de la TCH, j'ai raconté à l'assistance ma rencontre, mais visiblement cela ne parlait à personne. Vous avez simplement précisé que j'étais la troisième personne de la journée à décrire cette jeune fille, mais la première à donner son prénom.

Ce n'est qu'une semaine plus tard, en discutant de cette expérience avec ma mère, que celle-ci m'apprend qu'une de ses cousines, que je ne rencontre que très rarement – mais que bizarrement, j'avais croisée le matin même de la TCH – a perdu une de ses filles.

J'apprends aussi qu'elle s'appelait Anaïs, qu'elle a perdu la vie dans un accident de voiture à 21 ans, qu'elle était blonde et que les relations avec sa mère étaient souvent tendues.

Toutes les pièces du puzzle s'assemblent enfin. Les piqûres sur mon visage seraient dues au ressenti des éclats de verre du pare-brise, la douleur dans les genoux et les tibias au fait qu'Anaïs serait restée coincée dans la voiture, et la sensation étrange de la disparition de la douleur, sans doute au moment où elle est partie.

Nicolas Darel,
TCH à Lille le 8 septembre 2019.

La TCH d'Aurélie Rivière faite le 12 janvier 2019 à Toulouse est également intéressante, car elle reçoit après sa séance la validation par sa mère d'une rencontre obtenue pendant son hypnose. La description physique qu'elle lui fait de son arrière-arrière-grand-mère et de son caractère, dont elle ignorait tout, correspond en tout point à la réalité. Une réalité qui n'était pas enfouie dans la mémoire d'Aurélie puisque celle-ci ignorait tout de son existence.

[...] J'ai décrit le caractère de la personne à ma mère qui me confirme qu'il s'agit bien de mon arrière-arrière-grand-mère. Ma mère n'en revient pas, elle se demande comment j'ai pu la décrire aussi précisément, car je ne l'ai pas connue.

Je demande alors une photo et je la reconnais bien, pour moi il n'y a pas de doute c'est bien elle que j'ai vue pendant ma séance de TCH. Maintenant, tout est clair comme de l'eau de roche.

Les comptes rendus de Cécile et d'Amélie ressemblent à celui d'Aurélie : ces deux TCHistes ont aussi mené leur petite enquête auprès de leurs entourages respectifs pour vérifier des informations dont elles ignoraient tout.

[...] J'ai vu mon papy maternel, le visage déformé, mais je l'ai reconnu. Il m'a parlé et m'a montré une pièce d'or avec la tête de Napoléon.

J'ai téléphoné à ma maman pour le lui dire.

Elle m'a répondu que mon papy était passionné par Napoléon Bonaparte et que sa grand-mère maternelle lui donnait comme récompense une pièce dorée de 50 francs avec la tête de Napoléon quand elle était enfant.

Je n'ai jamais connu cette arrière-grand-mère maternelle et très peu mon papy et surtout, je ne savais rien de cette passion pour Napoléon et de ces pièces dorées.

Quand j'ai appris ça, je suis restée bouche bée...

Cécile Nauleau, infirmière,
TCH de novembre 2018.

[...] Je suis Amélie Legouffe, j'ai participé à la TCH de samedi dernier à Mérignac.

Je souhaite tout d'abord vous remercier pour ce beau voyage que vous m'avez permis d'accomplir.

Après la TCH, quand nous avons pu témoigner de ce que nous avions vécu, j'étais un peu perturbée et je n'ai donc pas réussi à tout raconter.

J'ai parlé d'une personne que j'avais vue dans la forêt, une dame avec un grand chapeau, qui poussait une brouette. Je ne pouvais pas identifier cette inconnue, mais quelque chose me disait que c'était peut-être mon arrière-grand-mère que je n'ai pas connue. Je porte le même prénom qu'elle. En ren-

trant chez moi, j'ai demandé à ma mère si elle avait une photo de mon aïeule Amélie, et sur la première photo qu'elle trouve, on peut y voir Amélie avec ma mère dans ses bras et la brouette en arrière-plan. Incroyable, c'était bien elle !

L'expérience de TCH de Marjorie Mora faite le 26 juillet 2019 à Blagnac nous laisse penser que les défunts pourraient nous communiquer l'identité d'une personne à contacter, en l'occurrence le nom, puis le prénom d'une maman qui a perdu sa fille. Et ceci dans le seul but de lui délivrer un message.

Un argument de plus pour penser que l'hypnose de la TCH relaie des informations extraneuronales puisque Marjorie ne connaissait pas le prénom de la maman de son amie décédée. À la différence du nom oublié qui surgit de sa mémoire, ce fameux prénom inconnu n'était donc pas dans son cerveau…

Voici l'extrait de son compte rendu qui évoque cela :

[…] Puis je ne sais plus si on change de plan ou ce qu'il se passe vraiment, mais on change d'endroit, un endroit où l'on peut voir d'autres personnes. Là, sortie de nulle part, se présente à moi une jeune fille (qui est aujourd'hui décédée) avec qui j'étais en classe. Je n'ai pas pensé à elle depuis très longtemps. Elle a toujours 14 ans, elle sourit, elle fait une grimace, celle qu'elle faisait souvent : elle se mord la lèvre inférieure en riant, je la reconnais bien. Elle me demande toute joyeuse de transmettre un message à sa maman. Je commence à penser, puis me vient l'idée que sa maman ne porte pas le même nom qu'elle et puis hop, ça arrive ! Du fin fond de ma mémoire ! Je me

souviens de son nom ! Et puis, je lui dis : « Mais je ne connais pas le prénom de ta maman, comment vais-je faire pour la retrouver et lui dire ? »

Je panique une fraction de seconde et puis hop, d'un coup un prénom arrive : Michèle.

Je passe le reste du temps à mémoriser la phrase qu'elle m'a dite ainsi que le nom et le prénom de sa maman. Je termine la TCH comme ça, avec une forte contracture à la nuque et une vive douleur en bas du dos. J'essaie donc de bouger un peu, mais sous hypnose c'est très compliqué. Mes jambes sont collées au sol ! Je peux juste bouger doucement ma tête de gauche à droite. Je crois que là, c'est fini pour moi ! La CAC est là ! En force ! Il ne reste que mon corps qui est encore engourdi. J'attends le moment où on revient tout doucement, chakra après chakra.

La séance terminée, je retourne à ma voiture, je prends vite mon téléphone, je vais sur Facebook. Je tape le nom et le prénom de la maman qui m'ont été donnés. Là apparaît la photo d'une femme que je reconnais très bien. Elle venait parfois chercher sa fille à l'école.

Aucun doute, c'est elle !

Le prénom qui m'a été donné était donc le bon.

J'ai réussi par le biais d'une amie et avec son aide à contacter cette dame. Elle est fermée, cela ne sera pas facile de lui délivrer le message de sa fille, mais c'est une mission que l'on m'a confiée.

C'était une belle expérience, même si sur le moment je n'ai pas réalisé l'importance du message à transmettre.

Mais je sais que tout a été parfait, j'ai vécu exactement ce que je devais vivre.

Sylvain Aprikian est gestionnaire de trafic autoroutier. Cet homme de 44 ans participe le 26 avril à l'atelier de TCH de Lyon, à l'hôtel Mercure de Villefontaine. Depuis son inscription, il attendait avec beaucoup d'impatience ce rendez-vous. Bien qu'étant parfaitement renseigné sur les différentes recommandations que nous donnons à propos de nos séances, il sait pertinemment qu'il faut vivre cette expérience sans aucun objectif ou désir particulier. Ce que l'on peut retenir de son compte rendu, c'est que mis à part un enfant perdu à six mois de grossesse, les perceptions médiumniques qui lui sont données en TCH ne lui sont pas destinées personnellement, mais doivent lui permettre de délivrer certains messages à des personnes qu'il connaît.

[...] Je me suis senti partir tellement fort que j'ai cru que je mourais, je ne sentais plus du tout ma corporalité, j'ai eu un peu froid et j'ai éprouvé ce que l'on subit lors d'une anesthésie générale quand on se sent « partir ».

Du coup, un peu en panique, ma CAC m'a ramené direct.

Je me suis donc à nouveau relaxé, puis je suis reparti, mais avec plus de calme et de sérénité.

Je suis monté très vite, mais pas dans un tunnel, pas de banc et pas de brume non plus.

En fait, je voyageais comme aspiré dans les étoiles, et plus je montais, plus je croisais les visages de défunts que je connaissais, mais qui bizarrement ne m'étaient pas forcément proches de leur vivant.

J'ai revu ainsi le compagnon de ma maman, mon oncle avec mon grand-père, dont je n'avais pas un souvenir précis du visage, mon beau-père, un collègue de travail décédé assez récemment, la maman d'un ami et d'autres visages de femmes que je n'ai pas pu identifier.

Deux d'entre eux m'ont alors donné des messages pour des personnes que je connais, et j'ai eu le sentiment à ce moment-là que ces messages m'étaient délivrés pour rassurer leurs destinataires.

Tous ces visages avaient un point commun : l'amour et la bienveillance dont ils faisaient preuve à mon égard étaient juste incroyables.

Puis un enfant d'une dizaine d'années s'est approché de moi en me disant « salut, papa ! ». Nous avions perdu un bébé, mon épouse et moi, au sixième mois de grossesse quinze ans auparavant, mais je l'ai reconnu immédiatement alors que je ne peux pas savoir à quoi il aurait ressemblé. Il était tellement beau, il avait la beauté d'un ange ! Il ne s'est pas plus approché que cela et m'a dit : « Ils t'attendent ! » J'étais un peu frustré de ne pas pouvoir le voir plus longtemps, j'avais tellement de choses à lui dire, mais à peine ces paroles prononcées, j'ai recommencé à monter et finalement je suis arrivé dans une grande lumière, elle était si intense que j'ai cru que les lumières de la salle avaient été rallumées !

Mon corps était très tendu, mais je n'ai pas eu d'autre choix que de tendre les mains au-dessus de moi, et en même temps qu'elles devenaient chaudes et vibrantes, un visage m'est alors apparu, celui d'un homme derrière lequel se tenait une femme. Tous les deux me regardaient avec énormément d'amour.

Ce qui est étrange, c'est que j'ai le sentiment de les avoir vus distinctement, alors que je suis incapable de les décrire.

Ils ne m'ont rien dit, mais j'ai entendu une voix qui me disait : « Tu peux redescendre maintenant. » Sur le coup, j'avais tout compris, tout était tellement clair et compréhensible.

Je suis alors redescendu tout doucement, tellement chargé d'amour et d'émotions que la descente fut assez agréable.

À la fin de l'atelier, nous avons formé un cercle avec les autres participants et nous nous sommes donné la main. J'ai alors ressenti beaucoup de chaleur et d'émotions m'envahir.

Une fois rentré chez moi, je n'ai pas pu en parler tout de suite.

Il m'a fallu quelques jours pour accepter tout cela et oser communiquer ce que j'avais vécu. Bien sûr, j'ai transmis les messages.

Je voulais donc vous remercier, même si au regard de l'expérience cela peut sembler dérisoire pour tout ce que j'ai reçu.

Je n'ai pas encore complètement compris ce que je vais faire de tout ça, mais je sais une chose : je fais confiance au destin et à la vie !

Le fait que l'apparition inattendue d'un défunt se produise lors d'une TCH plaide en faveur d'un phénomène indépendant du mental. Et c'est assez souvent le cas. Cette surprise est d'ailleurs parfois la motivation exprimée par les 6 % des déçus de mon étude[1] : le TCHiste espère entrer en contact avec quelqu'un de précis et a une grosse déception quand ce n'est pas la bonne personne qui se présente. Mais pour Sylvie Bertholet, qui fait sa TCH en juillet 2018 à Rennes, ce n'est pas le cas. Bien qu'imprévue, la rencontre qu'elle fait est une très belle surprise pour ne pas dire une magnifique révélation.

Sylvie est née en 1955 dans une famille que l'on pourrait qualifier de difficile. Bien que beaucoup

---

1. Étude réalisée par Antoine Guillain, *op. cit.*

d'amour l'ait accueillie dès son arrivée dans ce monde, les choses se sont gâtées par la suite.

De son enfance, elle garde des souvenirs heureux, en particulier des journées passées chez son oncle Teddy. Elle se souvient de chaleur, d'amour et de rires.

Par la suite, la vie lui fait perdre de vue cette partie de sa famille, bien qu'il lui arrive toutefois d'y songer régulièrement avec bonheur.

Vers 2010, sans vraiment en connaître la raison, probablement poussée par son intuition, elle se met à penser très fort à son oncle Teddy qu'elle n'avait pas revu depuis quarante ans. C'était si présent et si urgent qu'elle fait des recherches pour tenter de le retrouver. Mais trop tard : pendant que des pensées heureuses lui font mener ces investigations, elle apprend qu'il vient de décéder.

Dix ans plus tard, Sylvie fait une séance de TCH. Elle est formelle, durant son atelier, elle n'a pas pensé une seule seconde à Teddy. Pas plus à lui qu'à d'autres défunts ayant fait partie de sa vie. Elle vient en simple exploratrice, juste pour s'ouvrir à ce qui peut lui arriver.

Lors de son voyage de TCH, un ange vient la chercher pour lui montrer son monde. Dans cet univers, tout est blanc, lumineux, transparent, d'un blanc très doux assez difficile à décrire. Un blanc qui a des contrastes, comme le noir a des contrastes de gris à l'infini, précise-t-elle encore. Elle raconte que dans cette teinte, tout est très visible, très lumineux, y compris le visage de l'ange. Et elle trouve cette harmonie très belle. Dans la suite de son épopée, toujours accompagnée par son ange, la TCHiste pénètre dans une lumière d'amour et celle-ci lui communique un message concernant un problème qui peut sembler dérisoire. Sylvie traversait depuis deux ans une période conflictuelle avec des voisins particulièrement bruyants et irrespectueux. Cela devenait même insupportable, malgré sa détermination à garder son calme. Elle n'arrivait pas à comprendre le sens de cette épreuve ni à savoir si son attitude était la bonne. C'est le moment de poser sa question : « Pourquoi ce défi ? Pourquoi ces personnes sont-elles sur ma route ? S'il vous plaît, guidez-moi, car j'ai besoin d'aide. Ma position est-elle à revoir ? Que dois-je comprendre ? » La réponse ne se fait pas attendre : « Qui te dit que ce n'est pas toi le défi sur leur route ? » Tout se calme alors en elle. Cette injonction lui fait changer totalement de regard sur la situation. D'ailleurs, ces voisins gênants déménageront dans les mois qui suivent. Ce qui était *a priori* totalement improbable.

Plusieurs semaines après sa TCH, Sylvie range de vieilles photos jetées en vrac dans un carton, et parmi ces clichés jaunis, la chanceuse retrouve le seul portrait existant de son oncle décédé. Tout à coup, l'évidence surgit : l'ange qui lui est apparu dans la TCH, dont la physionomie lui était si familière, c'est son oncle Teddy !

Elle a alors la sensation que toutes les cellules de son corps tournent plus vite. La joie la submerge, des larmes de reconnaissance coulent sur ses joues. Elle est si heureuse qu'il soit là, d'avoir pu le retrouver et de partager tant d'amour avec lui. Elle a désormais la certitude qu'il en sera toujours ainsi.

Depuis toute petite, Sylvie Bertholet avait l'intuition que les anges gardiens existent.

Elle en est maintenant persuadée.

Il faut se méfier des gens qui disent ne pas aimer les bêtes ; ce ne sont jamais de bonnes personnes, cela me semble totalement incompatible. Ne parlons pas de celles qui les maltraitent ou qui les abandonnent l'été en bordure d'une route pour pouvoir partir en vacances…

Nos animaux de compagnie ont pour leurs maîtres un amour puissant que l'on pourrait qualifier d'inconditionnel. Ils ont pour nous une affection sans limites et sont prêts à nous suivre partout ; y compris dans l'au-delà, à en croire certains témoignages de TCHistes. Nos compagnons à quatre pattes qui ont quitté ce monde se présentent souvent de façon inattendue lors de nos séances, comme s'ils souhaitaient soulager la douleur de leurs propriétaires. Parfois, il s'agit d'un chien ou d'un chat connu pendant l'enfance et qui était presque oublié.

Ils figurent toujours en bonne place dans les nombreux récits qui me sont rapportés.

Jehanne Martel est une jeune biologiste de 28 ans. Elle vient faire sa séance de TCH le 22 octobre 2017 à Lyon.

[…] Je me soulève et je fais des roulades dans les airs, dans ce brouillard frais et magnifique. Soudain apparaît un être que je sais être Bibou, mon chat décédé il y a quatre ans et que je vois parfois à la maison, comme derrière un calque. Mais cette fois-ci, il est bien net, bien que plus gros. Il s'assoit sur mon ventre. Je suis heureuse de sa venue et d'être avec lui. Un doute me saisit tout de même : est-ce que c'est bien Bibou ? Très rapidement, il est par terre et je vois sa queue en forme de point d'interrogation. Bibou était le seul de mes chats à mettre sa queue en forme de point d'interrogation quand il nous voyait et j'avais oublié ce détail jusqu'à cet instant. C'est donc bien lui !

Pour Lydie Lancelot-Plaquet qui fait sa TCH le 22 mars 2019 à Caen, c'est le petit chien de sa plus tendre enfance qui apparaît devant elle.

[…] L'une des silhouettes que je vois me présente mon premier chien, Youpi, celui qui veillait sur moi quand j'étais encore dans ma poussette. Je n'en reviens pas ! Youpi me saute au cou, me fait la fête. Je suis tellement heureuse de le retrouver, nous nous sommes tant aimés et j'étais si triste quand il est mort… Du coup, tous les autres chiens et chats de mon enfance arrivent, c'est une vraie réjouissance de les avoir tous là avec moi.

Nos animaux sont très tactiles ; ils adorent les caresses et les contacts physiques avec les humains. Ce comportement si particulier se retrouve en TCH.

[…] Le teckel de mon enfance, tout jeune, est venu se faire caresser. Je pouvais ressentir la fermeté de son corps, la douceur de son pelage et le velouté de ses oreilles. Mon père était là, puis ma grand-mère, sa

mère jeune et rayonnante, et ma tante avec lesquelles je me sentais si bien, ma famille d'âmes. Le visage de ma mère est ensuite apparu, en gros plan, mais je ne me souviens pas de ce qu'elle m'a dit.

Il y avait beaucoup d'animaux, je les adore et les respecte profondément.

Catherine Vaillandé,
TCH du 2 juin à Metz.

Dans cette dimension particulière, les animaux auraient la faculté d'établir un véritable dialogue télépathique avec leur maître pour les conseiller ou leur donner des informations sur leur futur.

[…] J'arrive dans un jardin magnifique. Là m'attendait ma chienne Cybelle partie en octobre 2018. Derrière nous, un arbre magnifique, un chêne très vieux, fort, solide. Il est entouré de granit bleu. Je suis installée, apaisée et détendue avec ma chienne, je ressens sa présence « physiquement », je caresse sa tête, j'ai le sentiment d'avoir sous ma main le contact parfait, les moindres courbures de sa tête. Je sais qu'elle me fait attendre. Elle me dit que j'allais avoir à travailler, recevoir des informations concernant mon évolution et pour d'autres personnes. Je suis bien, là, tout simplement, cela aurait pu me suffire, car je peux vous assurer que je ressentais un calme intérieur puissant. Je n'entends plus la voix du Dr Charbonier, je n'ai plus la notion du temps. Je sais que son énergie m'accompagne comme elle accompagne les autres personnes.

Toujours installée avec Cybelle, je vois peu à peu une blancheur se présenter, comme la fumée dans les spectacles ! Cette blancheur est puissante, elle brille et là, un homme arrive. Je le vois, je sais que c'est mon guide d'âme et j'ai le sentiment de le connaître très bien, mais je pense que c'est plutôt l'inverse ! Nous sommes dans une communion parfaite. Nous nous dirigeons vers un « sas de verre », Cybelle reste à son niveau énergétique, je sais qu'elle est entre le monde animal et le monde humain. Je sais que nous nous reverrons, alors pas d'inquiétude ni de blocage. Je suis mon guide. Arrivée dans ce sas, j'ai l'impression de partir à une vitesse phénoménale. Tout va à une rapidité fulgurante, mais je sais que tout est transmis en moi. Tout s'intègre, s'imprègne. Je me retrouve d'un seul coup avec ma famille. Mes grands-parents, parents, oncles et tantes et tant d'autres…

Nelly Germain,
TCH du 25 mars 2019 à Caen.

Mettre fin à la vie de son petit compagnon pour abréger ses souffrances n'est jamais chose facile. Même s'il s'agit d'un acte d'amour et de compassion, il y a toujours ce sentiment de doute et de culpabilité qui s'installe. Il s'efface alors quand l'animal euthanasié se présente en TCH pour montrer que son affection pour son maître est intacte. Ce fut le cas pour Françoise et Sylvain.

[…] Un contact s'établit ensuite avec ma chienne Agathe, que j'ai dû faire euthanasier en toute fin de vie en 2017, décision ô combien douloureuse, mais que j'ai vécue comme un dernier geste d'amour pour elle. Ici, elle vient se frotter contre mes jambes, comme à son habitude, en poussant un peu avec son museau. Elle me « dit » qu'elle va bien à présent, elle est légère et elle voit bien (elle a été aveugle les six dernières années de sa vie), elle est restée près de nous pour veiller sur moi pendant les problèmes que je traversais, elle est ravie que nous ayons un nouveau compagnon à quatre pattes, mais est aussi très contente que ce soit

une autre race, car « *le scottish-terrier, c'est moi, un point c'est tout !* » me dit-elle. De nouveau, tout est paisible, serein et joyeux. C'est vraiment chouette.

Françoise Bidart,
TCH du 22 octobre 2018 à Bruxelles.

[...] Puis tout a ralenti. Ma chienne est arrivée et une vague d'émotion avec elle. Nous avons dû faire piquer notre chienne il y a environ deux ans, suite à une embolie pulmonaire. C'était un magnifique dogue de Bordeaux, j'y étais très attaché et son départ m'a beaucoup affecté, bien plus que je ne l'ai montré à qui que ce soit, sûrement par peur d'être incompris.

Je pouvais la sentir, la toucher, et elle était comme à son habitude surexcitée en me voyant.

Sylvain Aprikian,
TCH du 26 avril 2019 à Lyon.

Amanda est une amie qui adore les animaux. Beaucoup de chiens et de chats vivent avec elle dans son petit château en Italie. Elle a même un paon magnifique qui vient parader en faisant la roue quand elle reçoit ses invités dans un joli parc arboré d'oliviers centenaires. Dans sa propriété, une chapelle leur est dédiée et elle organise une magnifique cérémonie spirituelle pour le départ de chacun d'eux. Quelques semaines après le décès d'une de ses chiennes, nommée Pacha, la Brigitte Bardot italienne (c'est le surnom que je lui donne pour la taquiner) vint en France pour faire une séance de TCH. Pacha était restée paralysée toute une année avant de finalement quitter ce monde. Pour sa maîtresse, il n'était pas question de l'euthanasier pour précipiter les choses. Elle préféra la veiller jusqu'au bout et se lever plusieurs fois dans la nuit pour l'aider à faire ses besoins.

On peut dire que l'amour inconditionnel était réciproque entre mon amie et sa chienne de quarante kilos. À bout de force, le regard de l'animal choyé s'est éteint doucement sous les caresses d'Amanda qui avait installé son lit au rez-de-chaussée pour pouvoir la veiller et l'alimenter jusqu'à son dernier souffle.

[...] Puis, toujours dans le noir, j'ai vu alors apparaître Pacha, ma chienne qui est décédée le 28 mai dernier. Elle est arrivée par la droite et a marché vers la gauche, comme si elle descendait sur un sentier du haut vers le bas. Elle était plus jeune que lors de sa mort. Elle semblait avoir six ou huit ans, avec son manteau blanc immaculé, très belle. Elle s'est arrêtée un moment devant moi, m'a regardée avec une sensation de paix et de tranquillité, puis elle a repris son chemin, a continué à descendre et a disparu. Elle n'est pas venue vers moi, mais cette vision a été pour moi extrêmement touchante et rassurante.

Amanda Castello,
TCH du 9 juin 2019 à La Roche-sur-Yon.

Omar, quant à lui, est venu d'Alger pour faire sa TCH à Toulouse. C'est un homme élégant d'une cinquantaine d'années. Je me souviens des dattes succulentes qu'il nous a si gentiment offertes à cette occasion. Ses yeux noirs étaient aussi brillants que son offrande quand il nous parla de Tarzan.

[...] Dès que vous avez prononcé le nom de « montagnes », un nuage clair s'est dirigé vers moi. De celui-ci est sortie subitement ma grand-mère paternelle décédée il y a plus de trente ans (à l'âge

de 96 ans) et notre chien Tarzan. Ce dernier était si affectueux et intelligent que tous les villageois l'aimaient et l'appelaient Tarzan le magnifique. C'était un chien policier qui avait été offert par un soldat français à quelqu'un de ma famille. Tarzan et grand-mère sont sortis en même temps de ce brouillard. Tarzan léchait très affectueusement mes pieds et sautillait. Quant à grand-mère, elle était âgée d'environ 50 ans, solide comme de son vivant, avec des bottes en caoutchouc noir et une tenue que l'on porte pour les travaux des champs. Le temps que je pose ma joue droite sur la sienne, elle a immédiatement disparu, souriante, avec Tarzan, me faisant savoir par télépathie qu'ils ne pouvaient rester plus longtemps.

Omar Hamchaoui,
TCH du 2 février 2019 à Toulouse.

En général, les enfants adorent les animaux et ces derniers le leur rendent bien. En lisant le témoignage de Priscilla, on se rend compte que dans l'au-delà, cela ne change pas beaucoup.

[…] J'ai tout d'abord senti la présence de mes deux chiens morts il y a quelques années : Chips et Coco. Je voyais Chips courir dans une sorte de champ comme il le faisait quand il était vivant. Ensuite, j'ai vu Coco. Je pouvais sentir qu'il mettait son museau humide contre mon œil comme d'habitude. Je sentais ses moustaches qui me chatouillaient. Je les voyais s'amuser tous les deux comme à l'époque. Mais je ne les ai pas vus dans un lieu précis. C'était plutôt vague et flou. Et puis à un moment, j'ai ressenti la présence de mon petit garçon Mylan, qui aurait eu six ans. Je le voyais en tant qu'enfant et non en tant que bébé comme lorsque je l'ai tenu mort dans mes bras à la maternité. Il était le portrait

craché de Nolan, son frère jumeau. *Un petit garçon blondinet. Je sentais que je pleurais. J'étais submergée par l'émotion en ce moment précis. Je ne le voyais pas clairement me parler, mais je comprenais qu'il communiquait avec moi d'une autre manière. Il me disait qu'il s'occupait bien des chiens, qu'il les adorait. Il me disait qu'il allait à l'école là-haut avec tous les enfants qui étaient morts comme lui.*

Priscilla Bourroul,
TCH du 23 février 2019 à Nice.

En TCH, les défunts sont parfois visualisés en train de vaquer à leurs occupations habituelles ou entourés de leurs animaux favoris, comme ici pour Alain, que l'on retrouve dans l'au-delà en compagnie de ses chevaux.

[...] Je parviens à ressentir des effleurements sur mes bras, des gestes enveloppants. Le banc au milieu de la brume me permet de retrouver mon meilleur ami Alain, décédé l'année dernière... Je suis émue et je le sens calme, serein... Il est lui aussi sur un banc devant le champ où vivent ses chevaux qu'il aimait tant. Je regrette de ne pas avoir reçu de message, mais j'attends trop, à ce moment-là... Alors, je remercie.

Puis je distingue une tête de chien que je ne reconnais pas de suite. Il s'agit en fait du chien d'une amie que j'ai fait « monter » il y a un mois. Je n'en reviens pas de le croiser à ce moment-là ! Je perçois d'autres animaux, notamment des biches.

Puis arrive mon père, décédé il y a quatorze ans... Un immense moment d'émotion. D'abord il ne dit rien, me sourit. Je le trouve très beau et le lui dis. Je lui pardonne quelque chose d'important et là il m'appelle par le surnom que lui seul me donnait. Je pleure de chaudes larmes de soulagement. Une forte étreinte aussi me remplit de bonheur. Cet élément ne peut pas venir de ma CAC, cela résonne tellement fort en moi.

Je sens d'autres présences, puis vient la maman de ma meilleure amie, une personne tellement forte et courageuse. Elle est solaire, magnifique et souriante. Elle me dit que c'est elle qui a soufflé le prénom de sa petite-fille à mon amie qui me le confirmera le lendemain de la séance.

Sigolène Vieille,
TCH du 25 mai 2019 à Besançon.

Dans le témoignage suivant, c'est encore un cheval, ou plutôt une jument, qui se présente en TCH.

[...] Puis j'ai vu une grande forme s'approcher de moi, ma jument qui m'avait été offerte vers 12 ans. J'étais stupéfaite de la voir aussi bien et tous les petits détails comme la liste blanche de son front avec le petit décroché de blanc qu'il y avait dedans, la forme de ses sabots. J'ai senti beaucoup d'amour de sa part, alors que je ne savais pas qu'il y avait un lien véritable entre elle et moi !

Laure Leroy-Marquet,
TCH de Toulouse le 29 octobre 2018.

Mme X occupe un poste important à France Télévisions et souhaite garder l'anonymat. Elle pense, et sans doute a-t-elle raison, qu'exposer publiquement ce qu'elle a ressenti lors de sa TCH, faite à Paris le 23 février 2018, risquerait de compromettre sa réputation. Les hauts responsables des médias sont des gens intelligents qui sont loin d'être dupes : par exemple, ils savent que pour éviter de choquer l'opinion, ils servent toujours la même émission depuis quarante ans lorsqu'il s'agit de parler des EMI : deux ou trois personnes qui témoignent avoir vu l'au-delà lors d'un arrêt cardiaque et un scientifique docile qui accepte de dire : « Oui, c'est bizarre, mais on n'y comprend rien. Sans doute une hallucination secondaire aux drogues ou au manque d'oxygène ! » Effectivement, cela fait moins de vagues que d'inviter un autre scientifique qui vous suggère de changer de paradigme sur la mort ou le fonctionnement de la conscience. Un peu trop tôt pour accepter ce genre de discours dans un pays où la plupart des habitants ont, sur ces sujets, quarante ans de retard ! Les Gaulois tournent en rond dans l'ornière de la pensée matérialiste en criant violemment dès que l'on essaie de les en faire sortir.

Mais revenons à notre sujet. Lors de son voyage, Mme X rencontre son père décédé trente ans auparavant, elle le voit et le fait de pouvoir le serrer dans ses bras provoque en elle une crise de larmes qu'elle a bien du mal à contrôler. Cette expérience la bouleverse. Dans son compte rendu, la présence d'un petit animal à quatre pattes prend une signification particulière.

[…] *Arrive alors un petit chien emprisonné dans une sorte de tube, je reconnais celui qui s'était jeté sous ma voiture en Normandie il y a trente-cinq ans. Je le libère, il en sort dans une joie inouïe. Il me pardonne cet accident qui m'a fait culpabiliser pendant des années, son amour me fait du bien. Je me demande pourquoi je n'ai pas encore un chien auprès de nous sur Terre. Il est auprès de moi, plein de vie, et me propose de me guider pendant ce voyage…*

Il n'y a pas de honte à avoir quand on pleure nos animaux qui passent dans l'autre monde, mais le seul fait de savoir qu'ils continuent de nous aimer quand ils changent d'état est un puissant réconfort pour apaiser le chagrin.

Non, même avec eux, le fil n'est jamais coupé.

Dès que mon petit déjeuner est terminé, je remonte dans ma chambre d'hôtel pour me changer. J'aime me présenter correctement vêtu aux personnes qui me font confiance ; une veste, un coup de peigne, les mains savonnées et les dents brossées, c'est pour moi le *dress code* minimum, qui est aussi respecté par ceux qui travaillent avec moi. Sauf rares exceptions, pas de cravate, car je ne me sens pas à l'aise avec cet artifice autour du cou.

J'ai bien du mal à comprendre certains conférenciers qui arrivent sur des scènes de colloques internationaux en claquettes – si, si, je vous assure, cela existe, je l'ai vu de mes yeux – ou en tenue débraillée comme s'ils allaient à la plage. C'est, il me semble, faire preuve d'un manque total de respect vis-à-vis d'un public qui a fait l'effort de se déplacer pour eux.

À 9 h 45, je rejoins Étienne qui s'est posté devant la porte d'entrée de la salle. Il a déjà accueilli et placé les participants et attend les trois ou quatre immanquables retardataires qui ont eu du mal à trouver la bonne adresse ou galéré pour trouver une place de parking ; ils ont toujours une excellente excuse à donner, bien sûr. Marc a déjà commencé sa petite présentation et essaie de détendre l'atmosphère en racontant au micro quelques anecdotes : « En état d'hypnose, vous pouvez voir, entendre ou même sentir des choses particulières. Vous pouvez aussi carrément vous endormir et vous mettre à ronfler. Si c'est le cas, j'interviens en vous touchant le genou pour vous réveiller en douceur. Donc, si vous sentez que l'on vous touche le genou... c'est moi ! » Quelques rires nerveux se font entendre. « Un jour, j'ai réveillé de cette façon une dame qui s'était transformée en une véritable locomotive et à la fin de son hypnose elle nous raconta avoir vécu un truc énorme : on lui avait touché le genou ! Je lui ai dit : "Mais non, Madame, ce n'était pas un défunt, c'était moi, vous faisiez trop de bruit et je suis venu vous réveiller !" La pauvre femme était très déçue... » En général, c'est à ce moment-là que les gens rient de bon cœur, surtout dans les villes du Sud de la France. Au-dessus de Limoges, c'est nettement moins évident ; plus on remonte vers le Nord et plus les toux crispées remplacent les rires ; ça ne veut pas dire qu'ils n'apprécient pas l'anecdote, ils la savourent de façon différente c'est tout, enfin c'est ce qu'ils nous disent.

Je ne vais pas dévoiler tous les gimmicks de Marc, mais celui-ci fonctionne assez bien : « Lors d'une séance, nous avions eu l'idée de génie d'acheter 43 couvertures de survie pour éviter aux gens de devoir apporter les leurs. Ah ça, au point de vue esthétique, c'était très beau. Imaginez un peu le tableau : quarante personnes allongées avec un casque sur les oreilles et un masque sur les yeux, recouverts de papier doré. Je vous assure que l'on se serait cru sur une autre planète ! »

Rires timides. « ...Mais malheureusement, il n'y a eu qu'un seul atelier avec ces grandes feuilles métalliques, car dès qu'un TChiste bougeait, le vacarme épouvantable qu'il faisait réveillait tout le monde ! » Normalement, ce genre de vanne ne fait rire personne et je doute fort que vous soyez plié(e) en deux en la lisant. Pourtant, je vous assure que dans ces circonstances, tout le monde, ou presque, se marre ; c'est dire la tension nerveuse de nos participants en début d'expérience !

J'ai commencé ces ateliers de TCH au Canada en octobre 2014. Je les ai ensuite poursuivis en France (y compris sur l'île de La Réunion), mais ce que j'obtenais était loin de me satisfaire. À cette époque, j'hypnotisais une petite dizaine de personnes en leur suggérant le vécu des patients en arrêt cardiaque : sortie de corps, visualisation d'un tunnel avec cette fameuse lumière d'amour inconditionnel, rencontre de défunts et retour sur Terre. L'idée de départ est simple. J'avais constaté qu'après leur réanimation, les patients qui décrivaient ces incursions dans l'au-delà étaient débarrassés de la peur de la mort tandis que les souffrances liées à leur(s) deuil(s) diminuaient. Je pensais que ce même voyage suggéré sous hypnose procurerait vraisemblablement des apaisements équivalents. J'animais ensuite une sorte de minidébat sur les EMP en incitant les TCHistes à décrire leurs ressentis. Les gens étaient assis sur des chaises plus ou moins confortables, l'hypnose durait une quinzaine de minutes maximum et il n'y avait aucune musique pour accompagner ma voix. Malgré la simplicité du protocole et de l'infrastructure, j'obtenais néanmoins quelques résultats : environ une personne sur quatre voyait apparaître un être cher décédé et cela semblait lui faire énormément de bien. C'était évidemment étonnant et intéressant, mais très insuffisant pour poursuivre ces recherches. Qui accepterait de participer à un atelier où l'on annonce 25 % de réussite seulement ? C'est alors que l'univers m'envoya Marc et Étienne ; c'est ainsi que je présente les choses dans ma petite introduction qui précède l'hypnose.

Marc Leval est un homme de radio et de télévision qui a de la bouteille, comme on dit dans ce milieu. Il a animé et produit diverses émissions sur TF1, NRJ, Fun Radio, M6... On pourrait le définir en disant qu'il répond parfaitement aux différents critères d'un bon journaliste d'investigation animant des débats de société. Ce jeune quinquagénaire est curieux, rigoureux, honnête, cultivé et possède le sens de la synthèse. Ancien joueur de rugby, c'est un fonceur qui a son franc-parler et l'esprit d'équipe. Passionné par les sujets touchant la médecine et l'après-vie, dès que je sortais un nouveau livre, il ne manquait jamais de m'inviter à sa fameuse *Matinale de Marc Leval*, une quotidienne de deux heures qu'il animait sur les ondes de Sud Radio. C'est de cette façon que nous avons appris à nous connaître et à nous apprécier.

En 2016, il décida d'abandonner son poste de journaliste salarié à *Sud*, comme disent les gens de radio, pour fonder sa société ABC TALK et me suivre dans mon projet TCH. Une idée pour le moins risquée, car à cette époque, la TCH était en totale perte de vitesse. Il lui fallut une certaine dose de courage et d'abnégation pour sortir de sa zone de confort et vivre sa passion, car oui, dès le départ, celui qui allait très vite devenir un ami précieux comprit que cette aventure serait passionnante. Quelle magnifique intuition médiumnique !

Marc est mon pare-feu, il assume le bougre ! Il m'évite les rendez-vous foireux avec des organisateurs véreux qui programment des conférences bidon – eh oui, il y en a, même dans ce milieu dit « spiritualiste » – ou avec des journalistes mal intentionnés ; les mauvais plans, il connaît, son expérience dans les médias l'a équipé de radars hypersensibles qui l'alertent en cas de danger, de coups tordus ou d'embuscades. Nous n'avons besoin d'aucune publicité, si bien que nous refusons la plupart des propositions de reportages sur nos ateliers de TCH et rares sont les journalistes qui parviennent à nous interviewer. Quand j'écris « nous », j'exagère, car au final c'est toujours lui qui décide, je le laisse faire, car ma naïveté pathologique fait que je ne vois rien venir ; j'aurais plutôt tendance à accorder ma confiance à n'importe qui.

Il faut reconnaître que je mets souvent mon coéquipier dans des situations embarrassantes, par exemple en oubliant de lui signaler que j'ai invité des gens à certains ateliers ou que j'ai promis de faire une conférence dans une ville où nous intervenons.

Je reconnais que parfois je mets son sang-froid à rude épreuve.

Par exemple, je me souviens de notre conversation téléphonique un lundi soir où il m'attendait à Toulouse alors que j'étais encore à Paris.

« Allô, Marc ? Désolé, je suis un peu en retard.

— Pas de problème, tu penses arriver quand ?

— Heu… dans une heure trente environ.

— Hein ?!

— …

— Mais t'es où ?

— À Paris.

— Quoi ?

— Oui, mais t'inquiète, j'embarque, là, une heure dix de vol et le temps d'arriver au Pullman.

— Mais qu'est-ce que tu fous à Paris ?

— On a enregistré une émission pour C8 sur les EMP et j'ai loupé mon vol, j'ai dû prendre le suivant.

— Heu… bon, écoute… hum… ils sont tous installés, là, je vais leur expliquer… leur offrir une boisson et euh… je suppose que tu as ta bagnole au parking de Blagnac ?

— Oui.

— Bon, j'envoie quelqu'un te chercher, on gagnera dix minutes. En attendant, je vais leur raconter des anecdotes sur nos ateliers, ils adorent. T'inquiète, je gère. »

Oui, il gère Marc, j'espère qu'un jour il écrira un livre sur l'envers du décor de la TCH, car il en a « des trucs à raconter », comme il dit.

Quelques mois plus tard, Étienne Dupont, son ingénieur du son favori, devinant la naissance de cet enthousiasmant projet que nous défendions avec passion, suivit ce même chemin et démissionna lui aussi de Sud Radio pour rejoindre notre duo.

Étienne a plusieurs cordes à son arc. Compositeur de musique, il maîtrise parfaitement tout ce qui touche au monde de l'informatique et a aussi la singularité d'adorer discuter avec les gens meurtris par des épreuves. J'écris « singularité », car habituellement nos contemporains ont plutôt tendance à fuir le malheur des autres. Probablement de peur que celui-ci soit contagieux… Ce n'est qu'un simple constat : face aux différentes tragédies de l'existence, tout le monde se débine ! Ses grosses capacités d'empathie et d'écoute lui permettent de soulager les personnes qui souhaitent partager leurs angoisses ou leurs chagrins. Son dynamisme et son enthousiasme sont revigorants ; c'est quelqu'un qui *donne la patate,* comme on dit chez nous. Certains observateurs, et je fais partie du lot, pensent qu'il est aussi médium, mais ça, c'est une autre histoire… En tout cas, juste avant d'entrer dans la salle, je lui demande toujours son avis : « Alors ils sont comment aujourd'hui nos TCHistes ? » Étienne se trompe rarement ; il sait déjà si ce sera ou pas une bonne séance.

Il ne me reste plus qu'à attendre le signal de Marc pour faire mon entrée :

« Et je vous demande s'il vous plaît d'accueillir comme il se doit le Dr Jean-Jacques Charbonier… »

Je sais que leurs applaudissements sont sincères.

Tandis que Marc explique les raisons qui me poussent à saluer individuellement les participants, je rentre dans la salle et fais mon petit tour en serrant la main de chaque TCHiste. Ce moment est pour moi essentiel. Rien à voir avec un bain de foule ou la tournée d'une rock star comme le dit chaque fois mon ami au micro. Non, c'est même l'inverse : une mise en sourdine de mon ego pour mieux apprécier les hommes et les femmes qui vont passer trois heures trente de leur vie avec moi. Dans cette poignée de main, ce contact peau à peau, la personne importante, c'est le futur TCHiste, ce n'est pas moi ; du moins, c'est de cette façon que je vois les choses.

Je passe derrière eux en enjambant ici ou là quelques sacs disposés le long du mur. À ce moment de l'atelier, ils sont assis sur des chaises face aux tables alignées sur lesquelles sont posés les questionnaires d'évaluation qu'ils devront remplir en fin de séance et une petite bouteille d'eau qui permettra d'éteindre leurs éventuelles quintes de toux. Au centre, les 43 fameux « fauteuils rouges du Dr Charbonier » – ainsi nommés par quelques internautes TCHistes – soulignent comme un grand ruban rouge les espoirs de chacun unis dans la même quête.

Les casques audio haute définition posés sur les relax sont raccordés à la table de mixage d'Étienne par un enchevêtrement complexe de câbles et de dispatcheurs en plastique qui cassent régulièrement dès qu'un pied inattentif les heurte. Ces filaments de méduse sont d'autant plus difficiles à localiser quand ils sont étalés sur une épaisse moquette imprimée de motifs psychédéliques, ce qui est hélas le cas dans la plupart des salles que nous utilisons.

Cette façon particulière de saluer et de remercier me permet d'évaluer le niveau énergétique des participants ; les regards sont plus ou moins lumineux, plus ou moins fuyants, plus ou moins profonds, plus ou moins puissants, les peaux plus ou moins chaudes, les doigts plus ou moins tremblants. Parfois, je perçois leurs frissons ou leurs moiteurs angoissées. Il y a aussi des médiums ou des personnes spirituellement très évoluées qui s'inscrivent à nos séances, et là aussi je ressens l'intensité de leurs vibrations.

Quand ce petit protocole de présentation est terminé, je me dirige vers mon iPad pour faire défiler le diaporama qui illustre ce que j'ai à leur dire.

Il est essentiel que les TCHistes comprennent le fonctionnement de leur atelier, qu'ils en connaissent les grands principes et qu'ils sachent ce que sont la CAC et la CIE. Ils ont surtout besoin d'être rassurés, car la peur peut bloquer l'expérience.

Aucune raison d'avoir la moindre crainte. La TCH, comme l'hypnose, ne présente aucun danger. Personne n'est jamais resté hypnotisé toute sa vie. Il est vrai que j'interviens parfois individuellement en fin de séance auprès de participants qui, se trouvant bien sous hypnose, tardent un peu à se réveiller, mais même si je ne faisais rien, il est sûr qu'à un moment donné le retardataire finirait par se lever de son fauteuil et rentrer chez lui sans aucun problème.

Autre fausse croyance à dénoncer : il n'y a aucune domination de l'hypnotiseur sur l'hypnotisé. Les spectacles grand public qui montrent des gens montant sur scène pour faire le clown sous les ordres d'un hypnotiseur donnent pourtant cette fausse impression. Or, ces volontaires choisis dans un abondant public, bien que réellement sous hypnose, sont d'accord pour faire ce qu'on leur demande. Le procédé est simple. Celui qui dirige la séance indique des objectifs hypnotiques, le plus classique étant celui d'avoir les doigts « collés ». Les individus qui répondent favorablement aux demandes sont facilement repérés. Une fois sur scène, ceux qui auront été choisis de cette façon mimeront les différentes attitudes indiquées, et ceci d'autant plus facilement si un complice informé de la procédure réalise lui-même les postures demandées. Pour rester en cohérence avec le groupe en exhibition, les participants obéiront docilement aux ordres : par exemple, ils se mettront à quatre pattes et aboieront comme des chiens, ou auront très chaud ou très froid, se transformeront en homme préhistorique ou en gladiateur. On peut imaginer une multitude de scènes plus ou moins spectaculaires et originales ; c'est pratiquement sans limites. Le sujet hypnotisé répondra à toutes les sollicitations ou presque, la limite étant l'impossibilité d'être l'auteur d'un acte qui irait contre sa volonté ou sa moralité, comme celui de commettre un crime, par exemple.

Ces shows desservent le travail des hypnothérapeutes, car certains patients craignent de les consulter en pensant qu'ils risquent de subir une emprise psychologique difficilement contrôlable qui les rendra dépendants et videra leur compte en banque.

Le but de la TCH est d'induire un état hypnotique pour faire taire la CAC reliée aux perceptions sensorielles afin d'avoir accès aux informations extrasensorielles de la CIE. La CAC s'allume dès que nous analysons une donnée visuelle, auditive, gustative, olfactive ou tactile. Or, même sous hypnose et avec un casque sur les oreilles, on peut entendre le ronflement ou la toux d'un voisin. Impossible de ne pas analyser un bruit. Impossible de ne pas se dire : *tiens, quelqu'un vient de tousser...* si cela vient de se produire. En revanche, il ne faudra pas suranalyser le bruit en pensant par exemple : *Zut il a toussé, donc ma CAC va s'allumer et ma CIE va s'éteindre. Je n'ai vraiment pas de chance, je suis à côté d'une personne qui tousse, j'espère qu'elle ne va pas se remettre à tousser sinon c'est foutu, déjà que j'ai eu bien du mal à entrer en hypnose...*, etc. On peut ainsi passer toute la séance à râler et à analyser sans avoir la moindre chance de se mettre en CIE.

Une motivation trop forte peut aussi activer la CAC. Si une personne vient à un de nos ateliers dans le but unique de rencontrer un défunt, il y a de fortes chances qu'elle soit déçue, car elle va nécessairement analyser son attente : *J'aurais dû m'entraîner à l'hypnose avant de venir, comment se fait-il que ça ne fonctionne pas chez moi alors que cela fonctionne très bien chez d'autres personnes ? Je suis nul, je ne vois rien, je ne sens rien...*, etc.

Pour pallier cette déception prévisible, j'ai l'habitude de dire : « Si vous êtes ici pour rencontrer une personne défunte ou dans un but bien précis, oubliez tout de suite cet objectif. Vous êtes ici pour faire une expérience. Rien de plus. Elle sera ce qu'elle sera. Ce sera celle que l'univers aura décidé être la meilleure pour vous. Vous, vous ne pouvez rien décider. Laissez-vous faire. N'attendez rien ! »

L'éveil permanent de la CAC peut, comme on vient de le voir, gâcher l'intégralité d'une TCH. « Ah, ma CAC, ce macaque qui caquette sans cesse pour me rendre fou ! » nous dit un jour un TCHiste désespéré de ne pouvoir la faire taire.

Cependant, pour réussir une TCH, il faut malgré tout activer de temps à autre sa CAC durant l'hypnose, car l'analyse rapide et fugace permet de mémoriser, d'imprimer ce que l'on reçoit en CIE. L'essentiel étant bien sûr de ne pas rester bloqué dans l'analyse incessante. Ces allers-retours entre CAC et CIE constitueront au final un récit racontable. Certains participants pensent avoir dormi ou ne pas avoir été hypnotisés. Ils évaluent la durée de leur séance d'une heure vingt à une vingtaine de minutes, voire même à une dizaine, et s'étonnent parfois que leurs joues soient mouillées de larmes. Cela signifie qu'ils ont oublié la plus grande partie des informations reçues en CIE, car leur CAC n'est intervenue qu'en fin de séance pour censurer tous les éléments dissonants qui devaient être néanmoins suffisamment émouvants pour les faire pleurer. Mais tout n'est pas perdu, ils pourront les retrouver plus tard, spontanément, en méditant ou avec l'aide d'un hypnothérapeute. Sur le site de notre institut[1], nous avons mis en place une liste de praticiens classés par département qui sont d'accord pour faire ce travail. Cette liste n'est pas exhaustive. Pour y figurer, il suffit d'être un hypnothérapeute en exercice, d'avoir participé à au moins une séance de TCH et de nous renvoyer le formulaire du site dûment rempli, comme on dit dans l'administration. Nous avons mis ce système en place pour éviter que des TCHistes se fassent envoyer promener en contactant un hypnothérapeute qui n'est pas au courant ou qui est opposé à notre démarche. On imagine le dialogue :

« Allô, oui, bonjour, je souhaiterais avoir un rendez-vous pour une séance d'hypnose, car j'aimerais retrouver les informations perdues pendant ma TCH. Ma CAC étant trop forte, je ne me souviens plus de ce que m'a dit ma CIE. Je peux venir quand ?

— Euh, attendez, là, je ne fais pas ça moi. Je ne sais pas de quoi vous voulez parler. Vous voulez arrêter de fumer, c'est ça ? »

Il faut du temps avant que la CAC lâche enfin son emprise. On peut parfois sortir d'un atelier de TCH en ayant l'impression qu'il ne s'est pas passé grand-chose.

Liliane m'a adressé depuis le Portugal le compte rendu de sa TCH vécue deux mois plus tôt en Suisse.

Elle indique que les souvenirs de l'atelier émergent progressivement.

Les récits qui relatent les TCH faites il y a déjà quelque temps sont plus complets et plus riches que ceux datant de quelques jours ou de quelques semaines. Quand il s'agit de quelques minutes, c'est

---

1. www.irccie.com

beau, mais très embrouillé, comme on l'entend dans nos débriefings.

Avec le temps, certaines scènes de l'expérience occultées par la CAC au réveil de l'hypnose émergent de nouveau à l'occasion de périodes de méditation, de calme, de préendormissement ou d'autohypnose. Dans ces moments-là, les informations qui ont été captées par la CIE en TCH sont à nouveau accessibles et le puzzle se reconstitue.

Nous sommes ici à deux mois de l'atelier, le vécu est bien structuré et riche, mais on voit qu'il y a malgré tout des informations qui n'ont pas encore été retrouvées puisque Liliane écrit : « *Un signal m'a indiqué qu'il était temps pour moi de continuer ma visite vers les autres plans. Je ne me souviens pas des autres étapes visitées…* » Il est probable que quatre ou six mois plus tard, le récit de Liliane aura encore évolué et sera plus complet.

J'ai retrouvé cela aussi dans mes recherches sur les EMP. Juste après leur arrêt cardiaque, les expérienceurs sont sidérés et pratiquement muets. Ils savent qu'ils ont vécu quelque chose d'extrêmement fort, mais ils ne savent pas très bien quoi. Ce n'est que plus tard que tout s'organise, car la CAC intervient dès le retour à la vie.

La TCH ne s'expérimente pas qu'en trois ou quatre heures ; il faut plusieurs mois pour la digérer. Mais lisons plutôt son compte rendu.

[…] J'ai assisté à l'atelier de la TCH à Genève le 15 décembre 2018, et j'ai pris le temps de laisser mon mental au repos pour permettre aux souvenirs d'émerger. Quelques-uns sont arrivés rapidement, d'autres sont apparus au cours de ces derniers mois.
Voici le récit de ma TCH.

Après les encouragements d'Étienne concernant mes difficultés auditives, je me joins à la prière d'ouverture. Moi qui n'aime pas être touchée par des personnes inconnues, je me sens réconfortée par une douce chaleur lorsque nous sommes invités à tenir les mains de nos voisins en formant le cercle.

Me voilà confortablement assise sur mon transat pour la rencontre vers l'au-delà avec les êtres chers qui ont quitté le plan terrestre. Sur les conseils d'Étienne, je me laisse emporter par le son de votre voix douce et rassurante, plus que par les paroles. Des mots m'échappent, c'est ma CAC qui intervient et je lui demande de se calmer pour être à l'écoute de ma CIE. La visite des chakras m'a paru lente, et j'avais envie de m'envoler. Encore une fois, ma CAC voulait prendre le contrôle et je lui ai de nouveau demandé de me laisser écouter ma CIE. Après avoir senti mes chakras et la corde d'argent, je ne me suis pas sentie décoller, je n'ai pas vu non plus l'hôtel et la Terre. En revanche, je me suis sentie rapidement aspirée dans un tunnel noir qui ressemblait plutôt à une fusée avec des vitres et j'ai vu le cosmos, les étoiles et les galaxies. Je me sentais comme faisant partie d'une toile, plus animée que ce que j'avais vu au Palais de la découverte, j'étais vraiment dans cette toile. C'était magnifique !

Durant la première étape, j'ai vu un paysage de campagne dans la neige. Le banc était de bois et je me suis assise dessus. Malgré le froid, je n'étais pas gênée. Dans un brouillard, j'ai distingué une personne. À mesure qu'elle s'approchait, j'ai vu qu'elle ressemblait à un moine avec un manteau et une capuche sur la tête. Lorsque cette personne s'est rapprochée de moi, j'ai reconnu mon cousin Michel, parti en 2016.

Son départ brusque m'a secouée parce qu'il aurait eu 62 ans et je n'avais eu aucune nouvelle de lui depuis vingt ans ! Là, Michel souriait. Ses yeux étaient brillants de joie et il était beau. Il s'est assis sur le banc à côté de moi et avant que je lui pose des questions, il m'a parlé de ma santé. « Tes problèmes auditifs sont liés à ton intuition. Tu crois l'avoir perdue à cause de tes problèmes d'audition, mais c'est le contraire. Écoute plus ton cœur. »

Michel m'a aussi rassurée au sujet de ma santé, puis il m'a accompagnée vers un véhicule qui ressemblait à une soucoupe volante où un ange m'attendait. Cet ange m'a accompagnée vers ma deuxième étape. Là, je me suis retrouvée dans un paysage de montagnes avec un lac. Il faisait beau et chaud. J'ai senti le parfum des fleurs. Il y avait des cabanes, des chaises, des tables où des personnes étaient assises autour de boissons et de friandises. Parmi les personnes assises près des cabanes, j'ai aperçu mes parents et des membres de ma famille, des lignées paternelle et maternelle. Ils m'ont fait un signe de la main, d'un air joyeux pour me confirmer qu'ils allaient bien. Plus loin dans ce parc, des enfants jouaient, joyeux, et parmi eux, une petite fille d'environ sept ans qui s'est retournée en me souriant. Je me suis arrêtée un instant pour la regarder. Elle était blonde, des yeux verts, des cheveux mi-longs ondulés. Cette petite fille me ressemblait, mais je ne saurais dire qui elle était. En continuant ma balade, j'ai reconnu une cousine que j'aimais beaucoup lorsque j'étais enfant. Toujours gaie et souriante, même lorsqu'elle était triste, elle organisait des jeux pour les enfants et dans ce paysage, elle continuait de le faire avec les adultes aussi. Je me suis retrouvée parmi des enfants et des adultes, dansant en rond et chantant des chansons du film La Mélodie du bonheur.

Parmi ces personnes, j'ai reconnu Michèle, une amie partie il y a trente ans dans des circonstances tragiques. Michèle souriait et j'ai même senti le contact de sa main sur la mienne. Un contact court et intense.

Un signal m'a indiqué qu'il était temps pour moi de continuer ma visite vers les autres plans. Je ne me souviens pas des autres étapes visitées, en revanche, pour monter vers les plans supérieurs, j'étais toujours accompagnée d'un ange dans un vaisseau spatial dont le décor ressemblait à la série télévisée Star Trek. Moi qui, en réalité, détestais cette série, j'avoue m'être amusée.

Je me souviens de ma dernière étape et de ma rencontre avec Dominique, un ami parti à 24 ans. Son départ brusque m'avait laissée sans voix et le rencontrer dans cette phase fut un cadeau.

Dominique m'a accueillie dans un décor de pierres et de minéraux, et j'ai senti que c'était une indication concernant un projet personnel. Dominique m'a aussi révélé une vue d'ensemble de mon passé, de mon présent et de mon futur sur le plan sentimental. Ces derniers mots ont été : « Rien n'est grave, tout est juste et parfait, continue. »

Le retour pour me reconnecter à mon corps s'est fait harmonieusement. J'ai très bien entendu votre voix qui a guidé ma reconnexion à l'ici et maintenant.

Lilianne Chalhoub,
Lisbonne, le 14 février 2019.

Géraldine Laubréaux a mis un mois pour « digérer » sa TCH et faire céder sa CAC pour admettre enfin son expérience telle qu'elle s'est produite. Le contact avec les défunts entre en dissonance cognitive avec nos apprentissages, avec notre éducation parentale, scolaire et parfois, comme ici, universitaire, puisque Géraldine est kinésithérapeute. La CAC, formatée pendant des années à exclure les contacts avec le monde des esprits et à n'accepter que les informations dites scientifiques, va faire son travail de triage et d'exclusion. À moins qu'un autre scientifique ne bouleverse les choses en désignant d'autres possibles...

Les TCHistes qui assistent à mes séances savent parfaitement qui je suis : un scientifique perturbateur de CAC certes, mais un scientifique quand même.

Bonjour Docteur,

Je vous écris aujourd'hui seulement, car je pense qu'il m'a fallu tout ce temps pour qu'enfin ma CAC lâche prise et que je sois vraiment persuadée de la réalité des contacts que j'ai reçus en TCH.

Suite à la TCH, je me suis tout de suite sentie apaisée et d'un calme que je n'avais jamais connu auparavant ! Mais ma CAC me disait toujours que ce que j'avais vécu n'était qu'une projection de mon esprit et non de vrais contacts avec mes défunts. Aujourd'hui, mon avis a changé à ce sujet. Je suis persuadée de cette réalité grâce à tous mes ressentis depuis cette séance.

Voici mon récit :

J'arrive très stressée à cette TCH. Toujours cette peur qui est très présente chez moi pour tout et pour rien. Marc Leval m'apaise avec sa présentation et votre arrivée finit de me mettre en confiance.

Je m'étais préparée avec votre enregistrement MP3[1] et du coup je me sens vite détendue. La montée des chakras se fait avec déjà une énorme énergie et une chaleur en moi, c'est la première fois que je ressens cela.

Puis vient la sortie du corps que je ne visualise pas du tout, mais je vois bien la Terre s'éloigner avec ce cordon argenté à mes pieds. Je sens que je vole, vrai-

---

1. Enregistrement d'entraînement à l'hypnose d'accès gratuit sur www.irccie.com.

ment, et un bien-être m'envahit. Une sensation tout à fait nouvelle pour moi.

Première étape. Je vois, dans un brouillard, plein de silhouettes lumineuses, mais très éloignées. Petit retour à ma CAC, c'est si lumineux que je pense que mon masque est mal mis et que l'on vient de rallumer la salle. Je soulève mon masque, ouvre un œil et je me rends compte que ce n'est pas ça !

Je vois ma chienne décédée qui gambade, ma CAC étant encore très présente à ce moment-là, j'imagine que c'est mon mental qui m'envoie ça. Je pense à mon oncle qui s'est suicidé en raison de son cancer qu'il n'arrivait plus à supporter. Je le vois comme sur la photo qui est chez ma mère. Là je me dis encore « c'est ta CAC qui t'envoie cette image ». Mais hier, en allant chez elle, je me suis rendue compte qu'il n'a pas du tout la même expression sur la photo ! Dans la TCH, il avait un sourire très apaisé et étais d'un calme olympien. Il y a une pression dans ma main gauche comme si quelqu'un me tenait la main. Je sais immédiatement que c'est ma grand-mère paternelle ! Des larmes coulent sur mes joues. Je ne la vois pas, mais je la sens. Je sens ma tête sur son épaule, je sens physiquement cet appui sur son épaule comme quand elle était encore là.

Ensuite tout est violet, le paysage est dans un dégradé de violet. Il y a la mer, une falaise, un champ avec des collines comme dans le Gers d'où je viens et un magnifique arbre géant. Il ressemble à un chêne. Tout est dans la rondeur comme dans un dessin animé. J'enlace ce magnifique arbre et j'ai un échange énergétique avec lui, le sol, le ciel, la mer et tout ce paysage. Puis je retrouve la vision de mon oncle, la sensation de ma grand-mère et je demande à voir mon grand-père maternel qui est décédé lorsque j'avais six ans et dont je n'ai aucun souvenir, ce qui me peine *terriblement. Je sais qu'il est là, mais je ne le vois pas. J'éprouve une sensation puissante et apaisante d'amour inconditionnel. Je pleure à chaudes larmes, de joie et de bonheur. Je demande ensuite à voir mon filleul décédé à l'âge d'un an d'une leucémie. Je l'ai cherché depuis le début de la TCH. Mon grand-père m'indique dans le ciel une étoile très brillante, un soleil avec la forme de son corps qui se dessine à l'intérieur. J'ai l'impression qu'il est dans un autre plan plus élevé. Il rayonne ! Je suis si heureuse et tellement contente de le sentir rayonner si puissamment.*

Vient le moment où vous nous demandez de monter vers l'amour inconditionnel et de poser notre question. J'ai juste le temps de formuler ma demande : « Qui suis-je vraiment ? » Aussitôt, je redescends très rapidement et je me retrouve au-dessus de moi comme si on me disait : « Regarde, ça, c'est toi ! Arrête de chercher autre chose. » Puis j'attends, le temps que vous finissiez le voyage des autres participants et le moment où vous nous faites enfin réintégrer notre corps. Je suis bien et apaisée.

Voilà mon récit. J'ai mis un mois à vous écrire, car j'ai toujours eu un problème entre mon côté cartésien et un autre qui l'est beaucoup moins. Je suis kinésithérapeute et plutôt scientifique, mais j'ai toujours été attirée par autre chose en essayant de garder le versant scientifique. C'est ce qui m'a plu dans vos écrits et vos travaux. Il y a toujours un côté scientifique à cet « irrationnel ». Au final, depuis la TCH, j'ai compris qu'il fallait que je lâche prise et que je laisse vivre cette partie de moi qui est connectée avec le spirituel et l'autre plan.

Oui, la CAC a un autre défaut : elle trie et élimine les informations qui ne sont pas conformes à nos apprentissages. C'est le principe de l'illusion d'optique. Quand nous visualisons une image incohérente, notre CAC va la transformer pour la rendre logique, mais en réalité l'image que nous avons reconstituée n'existe pas.

La séquence événementielle vécue dans les NDE ou EMP n'est pas conforme aux apprentissages matérialistes de nos sociétés occidentales. Seuls 12 à 18 % des adultes en arrêt cardiaque racontent ce genre d'expérience, alors que dans les mêmes circonstances, on obtient 65 % de récits analogues chez les enfants d'après l'étude du pédopsychiatre américain Melvin Morse[1]. La CAC des enfants est moins puissante que celle des adultes, car elle n'a pas encore été formatée à ce système d'exclusion. Pour cette raison, jusqu'à l'âge de sept ou huit ans, les enfants ont des perceptions médiumniques ou des réminiscences de vies antérieures.

La technique d'hypnose que j'utilise a montré son efficacité, puisque c'est celle qui est employée par les anesthésistes en bloc opératoire. Le voyage hypnotique n'est pas comme en chirurgie un déplacement dans un lieu géographique que la personne affectionne ou l'évocation d'une activité ludique particulière, c'est l'expérience spécifique décrite par les personnes qui ont vécu des EMP (ou NDE). Mais tout n'est pas suggéré. Cela n'aurait aucun intérêt, car dans ces conditions tout le monde raconterait la même chose. Je propose les situations retrouvées dans les récits des *expérienceurs* et je laisse ensuite les personnes hypnotisées sans consignes particulières pendant plusieurs minutes. Il y a cinq ou six

---

1. *Des enfants dans la lumière de l'au-delà. Témoignages d'enfants sur leur voyage spirituel aux frontières de la vie*, Robert Laffont, 1992.

périodes muettes où seule la musique composée par Étienne est diffusée dans le casque et c'est à ce moment-là que les informations de la CIE sont – ou pas – perceptibles.

J'ai l'habitude de dire que je suis comme un conducteur d'autobus qui amène les TCHistes en voyage avec un certain nombre d'escales (les fameuses périodes muettes) et qu'à n'importe quel moment ils peuvent sauter du véhicule en marche pour faire un voyage différent, aller moins vite ou plus vite que le bus et y remonter quand cela leur chante. Il n'y a aucune obligation. Ce qui compte, c'est leur voyage. Si une de mes suggestions ne leur convient pas, ce n'est pas grave, il faut tenter la suivante, car essayer de la valider contre un ressenti différent activerait automatiquement leur CAC. *Idem* si la suggestion suivante ne passe pas non plus. Il ne faut rien forcer. Une des participantes à nos séances de TCH était une femme sourde de naissance qui ne pouvait entendre aucune de mes suggestions et qui a pourtant fait une très belle expérience avec trois régressions successives. Elle nous raconta, lors du débriefing, qu'elle s'était branchée sur les énergies de la salle et que les quelques vibrations perçues dans son casque avaient suffi à la faire décoller.

Après avoir expliqué ces notions basiques de CAC et de CIE ainsi que les principes de ma technique d'hypnose, nous faisons une pause de cinq minutes qui permet de digérer calmement tout ce qui a été dit.

La plupart des participants se lèvent pour aller aux toilettes ou se dégourdir les jambes. D'autres préfèrent rester assis pour discuter avec un voisin ou une voisine qui a choisi la même option.

Je profite de ce moment pour lire la prière de protection du Padre Pio offerte par mon amie la médium Michèle Riffard partie pour l'autre monde à l'âge de 93 ans, un an après m'avoir fait ce singulier cadeau. Quand Michèle me remit ce texte en me disant que j'allais bientôt en avoir besoin pour contacter l'au-delà, je ne l'ai pas prise au sérieux, car à cette époque j'étais bien loin de me douter que j'allais faire cela en utilisant l'hypnose.

Une fois de plus, sa prédiction était juste : je lis toujours sa prière avant chaque atelier[1].

*
* *

Après leur courte pause, les TCHistes rejoignent un à un, ou par petits groupes, leurs sièges respectifs.

Pas pour longtemps, car Marc leur demande de se lever afin de former un cercle au centre de la salle. Il n'oublie jamais de leur recommander de ne pas marcher sur les câbles et encore moins sur les petits dispatcheurs. Pendant ce temps, Étienne installe le micro sur pied, car pendant notre prière collective, je devrai parler avec mes mains liées à la chaîne que nous formerons. Ce moment est important. Les chercheurs aguerris à essayer d'établir des contacts avec l'au-delà savent qu'il ne faut pas le faire n'importe comment ni sans précautions. C'est pour cette raison que nous ne souhaitons pas que l'on enregistre nos séances. On pourrait effectivement en faire n'importe quoi.

---

1. Le texte de cette prière est reproduit en fin d'ouvrage.

Ma démarche est originale, car l'enseignement que j'ai reçu pendant mes dix années universitaires – sept pour devenir médecin et trois de plus pour obtenir ma spécialité d'anesthésiste réanimateur – ne m'empêche pas d'écouter d'une oreille attentive certaines recommandations chamaniques jugées sulfureuses par la communauté scientifique, voire totalement débiles par bon nombre de mes confrères. Mon attitude dérange, car je n'ai pas choisi mon camp. Je parle tout aussi bien, et avec le même respect, de médecine que de chamanisme. D'ailleurs je me demande bien pourquoi un médecin mériterait davantage de considération qu'un chaman ? Les deux sont sincères et honnêtes, et ils exercent leur art dans une attitude qui vise à améliorer la condition humaine selon l'enseignement qu'ils ont reçu. Alors oui, quand je forme avec d'autres habitants de la Terre cet égrégore de protection qui doit permettre que notre atelier se déroule de la meilleure des façons possibles, je ne me sens ni chaman ni médecin, je me sens humain tout simplement. Un humain relié aux autres humains dans la même foi, la même espérance, la même réconciliation, celle qui nous relie au Grand Tout.

Quand je me positionne debout face au micro comme un pont entre deux mondes, Marc a déjà donné des recommandations pour que les TCHistes soient en place devant leurs fauteuils rouges pour faire le silence nécessaire à notre cercle de recueillement. Je leur demande de tourner la paume de la main gauche vers le haut pour recevoir les énergies, tandis que la droite est dirigée vers le bas afin de les donner. La chaîne que nous formons en nous unissant de cette façon est puissante et réconfortante.

On me rapporte souvent ce ressenti dans les témoignages que je reçois.

Aussi bien en hypnose que pour ce protocole, je ne lis aucun texte, je préfère me laisser guider par mon intuition extraneuronale.

Je remercie à haute voix nos guides de nous avoir réunis pour faire l'expérience et je leur demande d'intercéder en notre faveur pour nous donner les meilleures protections qui soient. Je leur précise que nous sommes réunis en toute humilité, que nous ne souhaitons déranger personne, que nous espérons simplement recevoir des informations du monde invisible pour nous ou pour nos proches et avoir des nouvelles de nos êtres chers qui sont partis dans l'au-delà. Nous nous concentrons en silence sur ces remerciements et sur ces intentions pendant une petite minute.

À l'issue de la séance d'hypnose, nous reformons notre cercle de prière de la même façon pour remercier les guides et demander aux entités de revenir dans leur plan pour que tout revienne comme avant.

Ce sont probablement ces moments de prière collective qui ont fait dire à certains que je serais devenu une sorte de gourou. En Occident, ce terme est péjoratif, car on l'assimile à un chef de secte qui exploite la faiblesse des gens, mais est-ce que l'incitation à la prière est une exploitation de la faiblesse des gens ? Répondre par l'affirmative n'est pas très intelligent, surtout quand celui qui subit cette accusation injuste ne revendique aucune religion particulière. On ne peut me taxer de prosélytisme puisque je n'appartiens à aucun mouvement dogmatique ; je suis et reste un électron libre malgré toutes les tentatives de récupération.

En réalité, il y a trois moments particuliers qui me permettent de pressentir la qualité et l'intensité de ce que les gens vont vivre au cours de leur atelier : les confidences que me fait Étienne juste avant mon entrée dans la salle, l'instant où je salue les participants en leur serrant les mains et enfin cette minute de recueillement. Quelquefois, durant ces espaces privilégiés, un frisson indicible me parcourt le dos et, là, je suis à peu près certain que nous allons vivre de grands moments d'émotion, que beaucoup ensuite raconteront en pleurant, d'une voix fragile, ce qu'ils ont vécu ; leurs lèvres trembleront en parlant et ils auront bien du mal à lâcher le microbaladeur qui circule en fin de séance. Nous leur rappellerons qu'il leur faut être concis et brefs, car d'autres personnes doivent témoigner, mais il faut bien reconnaître que la plupart du temps nous n'osons pas interrompre ces moments de grâce tant ils sont forts et intenses.

D'autres fois, il m'arrive au contraire de percevoir comme une méfiance, une sorte de malaise confirmé par Étienne : « Ben, écoute, je les sens crispés là... pas sûr qu'ils voyagent beaucoup, ils sont très tendus. Marc essaie de les décontracter un peu, mais ça ne rigole pas du tout, ce n'est pas gagné, enfin, on verra bien. J'espère que je me trompe... » Sur ce point précis, Étienne ne se trompe jamais, hélas. Je connais ces énergies négatives qui perturbent nos séances. Elles se manifestent de différentes façons. Ce peut-être un mauvais regard qui m'est lancé ou une tête qui se tourne quand je fais mon tour de table ; un participant qui ne veut pas toucher la main de son voisin pour fermer notre cercle ; un détracteur qui souhaite vérifier que ma séance n'est pas truquée. Je me souviens de ce jour où l'un d'entre eux refusa de porter son masque sur les yeux pensant qu'il était imbibé de produits anesthésiants ; ou d'un autre qui s'était inscrit dans le seul but d'espionner la séance pour ensuite la démolir sur les réseaux sociaux, ou pour faire un rapport circonstancié au Conseil de l'ordre des médecins quand il s'agit d'un confrère mandaté pour cela. Je repère rapidement le « collabo » ; il vient seul et interroge les participants en début et en fin de séance, ne me regarde jamais dans les yeux quand je lui serre la main, prends régulièrement des notes, des photos avec son portable et passe le micro à son voisin en baissant la tête et sans dire un mot lors de notre débriefing. Je le vois, mais ne dis rien. Ordre partial dont le seul souci est la taille d'une haie où aucune branche ne doit dépasser pour qu'elle semble uniforme, correcte, conforme à la bienséance de la corporation. Ordre qui m'a fait subir en 2018 une expertise psychiatrique que d'aucuns ont jugée abusive et qui s'est bien sûr avérée normale, comme on pouvait s'y attendre. Cette manœuvre d'intimidation ne m'a pas découragé, loin de là, elle m'a au contraire conforté dans ma position de contestataire. Ordre qui me harcèle pour que je cesse définitivement cette activité de TCH qui les perturbe tant ; ils m'ont déjà condamné en 2019 à trois mois d'interdiction d'exercice avec sursis, car la mention de « docteur » ne peut selon eux être associée à la TCH étant donné que cette thérapie n'est pas encore reconnue par le corps médical, même si chacun sait quel métier j'exerce depuis plus de trente ans. Je me souviens de la conversation que j'ai eue avec mon avocat quand j'ai appris la nouvelle : « Trois mois d'interdiction pour ça ? On part en appel, Maître, vous êtes d'accord ? » Je présumais qu'il allait me répondre par l'affirmative, car il m'avait précédemment annoncé qu'on foncerait si j'avais la moindre sanction, après tout je n'avais fait de mal à personne et il n'y avait aucune plainte ou préjudice de patient à me mettre sous le nez. D'autre part, je n'ai jamais prétendu que la TCH est une thérapie médicalement reconnue, même si je m'emploie à faire les démarches nécessaires pour qu'elle le soit un jour.

Sa réponse me surprit :

« On fera comme vous voulez, mais personnellement je vous déconseillerai de contester.

— Mais vous m'aviez dit qu'on irait en appel si j'avais la moindre sanction !

— Oui, c'est vrai, mais là ce n'est ni un avertissement ni un blâme, c'est une interdiction d'exercice, ce n'est pas pareil...

— Oui, c'est pire !

— Justement, c'est pire, c'est très sévère, ça veut dire qu'ils vous en veulent vraiment. Ils vous ont déjà fait subir une expertise psychiatrique...

— Je ne comprends pas pourquoi, jusqu'à présent, ils me soutenaient plutôt.

— Oui, mais vous ne faisiez pas de TCH. Là avec votre TCH, vous proposez une thérapie nouvelle qui n'est pas reconnue par la médecine.

— Je sais bien. J'ai accepté de rentrer dans les clous et de soumettre les résultats de mes recherches au débat médical. Qu'est-ce qu'il leur faut de plus ?

— Vos recherches ne sont pas encore reconnues...

— J'y travaille. Si on ne peut rien proposer de nouveau, on n'avancera jamais !

— Je sais bien. C'est comme ça, encore une fois, c'est vous qui décidez. Vous avez pris une peine avec sursis, donc en pratique pour vous rien ne change, vous pouvez continuer à travailler comme avant. Si on part en appel, on risque de prendre du ferme. Et à mon avis, il y a de fortes chances pour que ce soit du ferme, si vous contestez.

— En appel, ça se passe comment ?

— Vous serez jugé dans environ un an par un jury national qui remplacera le régional qui vient de prononcer son jugement.

— Et ce jury national, c'est qui ?

— C'est le Conseil de l'ordre national !

— Autrement dit, si je ne suis pas d'accord avec une décision du Conseil de l'ordre, je suis rejugé par le Conseil de l'ordre ; c'est absurde et injuste, ils sont juges et parties alors ?!

— Ce n'est pas moi qui fais les lois, cela fonctionne ainsi.

— O.K., j'ai compris, le système est pourri. On reste comme ça. »

Oui, dans ces moments-là, je sais à quoi m'attendre quand je pénètre dans l'arène. Quand Marc annonce mon entrée, la porte s'ouvre et je suis comme un petit taureau qui piaffe avant de tourner sur la moquette, prêt à combattre la cruauté et l'injustice de certains hommes, mais aussi à vivre et à partager avec d'autres de magnifiques moments d'émotion.

*
*   *

Ils sont enfin installés dans leurs fauteuils rouges. Le moment tant attendu est arrivé. Des couples se font la bise comme s'ils étaient sur le point de partir pour un très long voyage, d'autres se tiennent par la main ; chacun son truc, sa marotte pour se rassurer.

Je me souviens de cette femme venue avec son dou-dou, un petit ours en peluche délavé de 67 ans, l'âge approximatif de cette sympathique dame, ou de ce monsieur à l'allure de P.-D.G. qui était chaussé de fourrure synthétique en forme de tête de lapin rose. Certaines couvertures font office de talisman : les imprimés de cœurs et de fleurs restent majori-taires, mais il y a aussi celles qui représentent des paysages de mer ou de montagne, d'autres où sont inscrites des phrases magiques comme « Bonne nuit les petits » ou « I love you » ou « Don't worry » ou encore « Laissez-moi dormir ! ».

Mais avant de les plonger en état d'hypnose, je dois leur faire encore une série de recommanda-tions : « Vous allez rester plus d'une heure dans la même position, il vous faut donc trouver une posture confortable. Vous pouvez vous déchaus-ser et vous mettre à l'aise. Les jambes sont décroi-sées ainsi que les mains et les bras. La tête doit reposer sur le siège ou sur votre coussin. Le fil du casque doit passer au-dessus de la couverture. Il faut déboutonner les pantalons, les ceintures et les jupes, car rien ne doit vous gêner au niveau de la taille. Lors de l'hypnose, votre musculature abdomi-nale sera relâchée si bien que lors de l'inspiration, quand le diaphragme s'abaissera pour faire entrer de l'air dans les poumons, votre ventre va se gonfler. La fréquence respiratoire va diminuer, elle pourra descendre en dessous de quinze mouvements par minute, alors qu'elle est plutôt supérieure à vingt quand on est au repos. Pour favoriser cette respi-ration particulière, on fera en début de séance pen-dant deux à trois minutes une hyperventilation ; ce sont de grands mouvements respiratoires qui per-mettront d'obtenir une diminution du taux de gaz carbonique dans le sang artériel, cette hypocapnie induira un réflexe bulbaire, entraînant une baisse de la fréquence respiratoire. Vous inspirerez fort et lentement par le nez un maximum d'air que vous évacuerez encore plus lentement par la bouche. Vous compterez environ trois secondes pour l'inspiration et cinq pour l'expiration. Si vous êtes gêné pour respirer par le nez – rhume ou polypes –, vous pourrez faire les deux mouvements respiratoires par la bouche sans aucun problème.

La fréquence cardiaque va aussi diminuer, progressivement, tout au long de l'hypnose. Le cœur pourra toutefois s'accélérer de façon ponctuelle quand vous aurez une émotion comme, par exemple, lorsque vous verrez ou entendrez un défunt. Cette émotion est normale et compréhensible. Tout cela se calme très rapidement comme dans la vie normale. Il n'y a aucune contre-indication médicale ; tout est mis au repos pendant une TCH. Les nombreux retours que nous avons accumulés ces dernières années nous permettent de dire que les TCHistes se sentent en général en pleine forme dans les jours qui suivent leur séance. »

J'invite ensuite les participants à regarder un ou deux détails du plafond, à évaluer sa hauteur, puis je leur demande de fixer également un ou deux détails de ce qu'il y a devant eux, de juger la distance qui les en sépare. Ils repèrent ensuite de la même façon des objets ou des points se trouvant sur leur droite et sur leur gauche. Cet exercice leur servira à situer parfaitement leur corps dans l'espace au moment de la suggestion de sortie de corps.

Et tandis que le noir s'installe progressivement dans la salle, je demande aux TCHistes d'observer la photo que je projette sur l'écran. Il s'agit d'un arbre trapu avec un tronc massif qui laisse imaginer qu'il possède de grosses racines qui le fixent solidement et profondément dans la terre. Cette image sera évoquée plus tard pendant l'hypnose pour suggérer l'ancrage du corps au sol afin que le passage relatif à la sortie de corps n'entraîne aucun problème. Lors de l'un de mes tout premiers ateliers de TCH, une participante poussa brutalement sur ses jambes lors de sa transe hypnotique au moment où je suggérais la décorporation. L'extension de ses muscles fut si énergique et brutale qu'elle se retrouva au tapis fort heureusement sans blessure, mais elle fit un tel raffut en tombant que je fus dans l'obligation d'interrompre la séance pour la reprendre au début. À l'époque, la petite dizaine de personnes qui faisaient ces ateliers étaient assises sur de simples chaises et l'ancrage n'était pas évoqué dans mon protocole. Celui-ci n'était pas non plus accompagné de musique. Les choses ont bien changé : durant cette phase hypnotique qui rend le corps aussi stable que l'arbre qui a été visualisé quelques minutes plus tôt, les modulations de ma voix, orientées exagérément dans les graves, sont accompagnées par les infrabasses de la musique d'Étienne, si bien qu'il devient tout à fait impossible de décoller les pieds du sol.

La dernière photo projetée à l'écran est celle d'une silhouette humaine en position de lotus. On compte sept points de couleur qui se répartissent du bas de la colonne vertébrale jusqu'au sommet de la tête. Ces centres énergétiques sont connus par la majorité des personnes qui participent à mes ateliers, car la plupart des gens qui s'intéressent au monde spirituel ont déjà entendu parler des « chakras » (« roues » en sanskrit) ; certains TCHistes, qui sont eux-mêmes coachs ou soignants, les utilisent régulièrement pour traiter leurs clients.

Pour les hindous, ces centres stratégiques sont à la base des soins ayurvédiques, une médecine qui date de cinq mille ans. Les textes anciens parlent de 88 000 chakras répartis sur tout le corps. D'autres médecines les reconnaissent à leur manière : en Chine, ils ont été intégrés dans la pratique de l'acupuncture ; en Occident, ils correspondent aux plexus, des réseaux de nerfs et de vaisseaux dont le plus connu est le plexus solaire, situé sous le diaphragme. Le yoga, le qi gong, la méditation, la sophrologie ou d'autres thérapies alternatives visent à harmoniser ces points en restaurant les transmissions énergétiques qui les séparent. Une chose est certaine, comme ces énergies subtiles ne sont ni dissécables, ni visibles, ni mesurables, personne n'en parle aux étudiants inscrits en faculté de médecine ! Ce sont des lectures personnelles et de longues discussions avec des médiums et des chamans qui m'ont amené à les utiliser pour la TCH.

Le voyage que j'induis part de l'énergie rouge du chakra racine situé entre l'anus et les parties génitales. Vient ensuite l'énergie orange du chakra du sexe qui se localise dans le bas-ventre. Puis, au-dessus, la jaune du chakra du plexus solaire, la verte du chakra du cœur au milieu de la poitrine, la bleue du chakra de la gorge, la violette du chakra du front et enfin, au sommet de la tête, la blanche du chakra couronne.

Au retour, ces énergies sont de nouveau évoquées en sens inverse lors de la réintégration du corps : on commence par la blanche pour finir par la rouge.

Marc intervient de nouveau pour faire les ultimes réglages de son, tandis qu'Étienne s'installe au pupitre de sa table de mixage. On invite les TCHistes à mettre leurs masques de nuit sur les yeux et leurs casques sur les oreilles. Ils devront vérifier, avec les tests proposés, que le son circule bien de droite à gauche, car nous alternons durant la séance les stimulations auditives du cerveau droit au cerveau gauche pour renforcer l'effet relief des suggestions hypnotiques.

Je prends ensuite la place de Marc pour donner les instructions qui débuteront l'hypnose.

Étienne est à mes côtés, les mains sur ses curseurs. Son petit signe de tête m'indique que tout est O.K. et que le voyage TCH peut commencer.

La salle est plongée dans l'obscurité.

Décollage imminent...

*
* *

L'intensité de la musique diffusée dans la quarantaine de casques baisse progressivement. Je dois les faire atterrir en douceur après une heure trente d'hypnose.

« ...Je vais compter jusqu'à dix et à dix seulement vous serez totalement réveillés, votre conscience sera normale et vous vous souviendrez des moindres détails de ce voyage. Je compte un... un, vos membres redeviennent légers et votre corps redevient léger. Deux... deux, plus aucune lourdeur au niveau de votre corps, plus aucune lourdeur au niveau de vos jambes et de vos bras... Trois...

trois, les racines qui étaient profondément enfoncées dans le sol se rétractent et d'ailleurs... quatre, elles n'existent plus... Cinq, vos pieds redeviennent légers... Six, vous pouvez très facilement les décoller du sol... Sept... sept, vous vous étirez comme le matin quand on se réveille après une nuit de sommeil... Aaaaaaaaaah... On étire ses jaaaaaambes... On étire ses braaaaaaas... On incline sa tête à droite... à gauche... On remue ses doigts... On remue ses mains... On se sent formidablement bien dans ce corps rempli de bonnes énergies nouvelles... Huit... huit, vous inspirez bien fort par le nez... Une belle et grande inspiration huuuuuuuuuuuuuffff et neuf vous expirez par la bouche pffffffffffffff... Dix... dix, vous êtes totalement réveillé, votre conscience est normale et tout est revenu normal... comme avant... Vous pourrez, quand vous l'aurez décidé et à votre convenance, enlever votre casque et... enlever votre masque. Merci... »

Je l'enlève moi aussi et je quitte mon poste de pilotage pour faire le tour des participants. Pas mal de bâillements et de pleurs. Des regards interrogatifs et hagards se demandent si ce qui vient d'être vécu était bien réel. On chuchote ses ressentis à son voisin, on pouffe de rire, on se gratte la tête comme si un problème insurmontable venait de surgir. Parfois un TCHiste ne souhaite pas sortir du voyage ; il reste figé avec son casque et son masque en place. Un petit claquement de doigts près de son visage peut suffire à le réveiller, mais je dois quelquefois intervenir de manière plus intrusive en lui parlant et en le touchant. Le seul incident que nous ayons eu à déplorer au réveil fut un léger malaise hypoglycémique chez une diabétique insulinodépendante qui avait préféré jeûner pour faire sa séance. L'affaire fut vite résolue avec deux morceaux de sucre et un verre d'eau. Comme le dit Marc lors de sa présentation : « Vous n'avez rien à craindre au point de vue médical, s'il y a un problème quelconque, nous avons avec nous un médecin réanimateur qui interviendra rapidement ! »

Quand mon petit tour est fait, nous les laissons une minute ou deux dans l'obscurité pour qu'ils récupèrent leurs esprits avant de rallumer progressivement les lumières de la salle.

*
* *

Pendant qu'ils remplissent leurs questionnaires après notre égrégore de remerciements, j'ai pour habitude de sortir de la salle pour souffler un peu. C'est dans ces circonstances que j'ai rencontré Henri.

Venu accompagner sa femme, le quadragénaire ne tenait pas à faire la séance. Il ne cacha pas son admiration pour tout ce que je faisais, les bouquins et le reste, mais il m'avoua en parfaite franchise que toutes ces conneries le faisaient flipper. « On a perdu notre fils il y a trois ans, alors elle se raccroche à n'importe quoi... » me lança-t-il d'un ton dépité. « Vous pensez vraiment que ce que je fais c'est n'importe quoi ? » objectai-je, passablement irrité. « Non, non, pas vraiment, mais quand même... »

Nous nous sommes regardés en silence un bon moment, comme deux cow-boys sur le point d'en découdre. Lequel des deux allait dégainer le premier ? Mais contre toute attente, il s'effondra tout à coup, plié en deux, sur le divan qui par chance se trouvait juste derrière lui. On eut dit qu'une balle tirée avec un silencieux par un sniper embusqué derrière une des grandes plantes vertes artificielles du salon venait de le toucher en plein cœur. Henri mit sa tête dans ses deux grosses mains calleuses et éclata en sanglots. Je n'avais pas prévu ce scénario. Je m'assis à ses côtés en lui entourant les épaules de mon bras et il me raconta son histoire.

Son épouse avait acheté une moto à leur fils et cette initiative avait suscité une violente dispute dans le couple, car le papa était contre cette acquisition qu'il jugeait trop dangereuse. Malheureusement, l'accident mortel qui se produisit quelques mois plus tard lui donna raison. La maman, se sentant responsable, resta inconsolable jusqu'au moment de sa première TCH faite à La Rochelle deux ans après le drame. Durant l'hypnose, son fils lui était apparu en pleine forme et lui avait dit qu'il était bien et heureux dans l'autre monde. Pour Madeleine, cette révélation fut suffisamment probante pour lui faire retrouver le sommeil et une relative envie de vivre. Henri m'était très reconnaissant pour cela.

« Vous pensez qu'elle aura pu encore le voir cette fois-ci ?

— Je n'en sais rien, c'est l'univers qui décide, pas nous... »

J'appris plus tard que Madeleine n'avait pas revu son fils lors de sa deuxième TCH faite à Toulouse, un an après celle de La Rochelle, mais qu'elle s'était vue évoluer dans une vie antérieure à l'époque médiévale où son mari actuel était devenu son père.

La TCH n'en finit plus de nous étonner.

Quand je reviens dans la salle, la plupart des feuilles remplies par les TCHistes sont déjà empilées sur la table face à ma chaise. Je jette toujours un petit coup d'œil rapide sur les cases cochées : oui à gauche, non à droite. Il y a une trentaine de questions et ce premier examen rapide me permet de savoir si la séance a eu ou pas de bons retours. Ce document a évolué au fil des expériences décrites, car la TCH n'est plus, comme on le verra, qu'un simple contact avec des défunts. Il se passe une multitude de choses troublantes que je n'avais pas anticipées en débutant cette recherche et tous ces imprévus ont nécessité de nombreux ajouts au document initial.

Après avoir relevé les copies des retardataires, Marc et Étienne s'installent à ma droite pour taper sur leurs claviers les témoignages des TCHistes qui voudront bien partager ce qu'ils viennent de vivre. Personnellement, je prends des notes sur une feuille de papier ; j'ai des petits symboles graphiques qui n'existent pas sur les touches d'ordinateur et le fait de savoir que je suis le seul à pouvoir les décrypter me semble suffisamment jubilatoire pour en abuser. La liberté de tracer des flèches entre les phrases ou les mots n'existe pas sur les écrans, pas plus que celle de dessiner des symboles spéciaux sur les parties des récits que je souhaite mettre en évidence. Bref, on l'aura compris, je préfère le stylo au clavier.

Le microbaladeur est tendu au TCHiste qui est en bout de table à droite : il circulera ensuite plus ou moins vite d'une main à l'autre jusqu'à atteindre le dernier participant de gauche. Sauf pour l'ultime atelier du soir qui peut déborder tard dans la nuit, ce débriefing ne doit pas dépasser une heure pour ne pas empiéter sur la séance suivante. Le TCHiste n'aura qu'une ou deux minutes pour décrire son vécu qu'il résumera en quelques phrases. Il sait qu'il aura de toute façon la possibilité de m'écrire plus tard un mail détaillé. Cet échange est notre récompense, notre Graal. Étienne, Marc et moi, nous savons que nous serons aussi bouleversés que le groupe quand nous entendrons certains témoignages. Contrairement à ce que l'on pourrait penser, pour nous trois, même avec la dizaine de milliers de personnes qui ont à ce jour participé à nos séances, ce n'est jamais la routine. Nous ne sommes pas blasés ; il y a toujours des choses exceptionnelles à entendre. On ne s'en lasse pas. Au contraire, quand nous nous retrouvons après chaque atelier, ces confidences si particulières de fin de session sont notre principal sujet de conversation. Mais il s'agit surtout d'un véritable échange, car on attend bien sûr mon avis sur chaque ressenti, chaque vision, chaque perception ; on l'attend d'autant plus si celles-ci sont incongrues ou inexplicables.

Parfois, je donne une réponse qui pourra aider, mais il faut bien reconnaître que la plupart du temps, je ne la connais pas ; la clé de l'énigme est dans le cœur de la personne qui reçoit l'information. Elle seule pourra la trouver, après avoir fouillé sa mémoire et fait sa propre enquête. Pourquoi s'est-elle vue évoluer dans une vie antérieure, où dans un moment précis de son enfance qu'elle avait totalement oublié ? Pourquoi a-t-elle aperçu ce visage inconnu ? Pourquoi a-t-elle eu cette sensation bizarre dans une partie précise de son corps ? Pourquoi a-t-elle croisé cette bête sauvage qu'elle n'a jamais particulièrement appréciée ? Pourquoi lui a-t-on montré un lieu où elle pense ne jamais être allée ? Pourquoi un défunt inattendu s'est-il montré ? Que voulait-il ? Que cherchait-il ? Pourquoi a-t-elle eu l'impression que quelqu'un est venu lui toucher le visage, taper sur son fauteuil ? Pourquoi a-t-elle été baignée de cette grande lumière qui lui a même fait penser que la salle où elle se trouvait était brusquement illuminée ?

La solution peut arriver rapidement en écoutant parler quelqu'un, dès la fin de l'atelier, lorsque la personne est au volant de sa voiture sur la route du retour ou plusieurs mois plus tard, après avoir digéré la séance.

Je cherche avec eux.

Il arrive assez souvent qu'au cours de l'hypnose apparaisse un cerf, un loup, un aigle, un tigre ou un autre animal tout aussi surprenant. Pour les Amérindiens, ces bêtes sauvages ne sont pas uniquement des êtres vivants avec lesquels nous partageons nos vies, elles représentent bien plus que cela, elles sont aussi et surtout les guides et les protecteurs des humains ; d'une certaine façon, on peut même dire qu'elles seraient considérées, selon cette culture ancestrale, comme des êtres supérieurs aux hommes : des animaux totem qui possèdent de grands pouvoirs spirituels. On ne peut pas choisir son animal totem, c'est lui qui vous choisit ; d'où la surprise des TCHistes de voir apparaître ce genre de bestiole. Les Amérindiens se sont rendu compte de deux choses : la première, c'est que les personnes qui sont nées à certaines dates ont des caractéristiques qui se rapprochent de certains animaux bien déterminés, et la seconde, c'est que toutes les treize lunes, un nouveau cycle saisonnier commence. Ils ont créé un calendrier lunaire en utilisant la carapace d'une tortue qui avait treize cercles et réalisé une sorte d'horoscope déterminant le futur en lisant « la roue de la médecine » qui unit les points cardinaux, les saisons, une couleur d'identification et l'animal totem.

Une chaleur, une vibration ressentie dans les doigts peut signifier que le TCHiste a du magnétisme et va pouvoir soigner avec ses mains, une striction au niveau de la gorge peut être le signe de reconnaissance d'un défunt qui s'est pendu ou qui avait un problème ORL, une douleur au niveau du thorax d'un autre qui était cardiaque, etc. Les perceptions somesthésiques qui apparaissent au moment de l'hypnose et qui disparaissent totalement, comme par magie, à la fin, sont en général soit des perceptions médiumniques, soit des soins énergétiques prodigués dans des parties fragiles du corps. Je me souviens de cette dame traitée depuis des années pour une périarthrite scapulo-humérale bilatérale (atteinte inflammatoire au niveau de l'épaule qui se manifeste par des douleurs intenses, et parfois une sensation d'articulation gelée, bloquée ou paralysée) et qui ressentit une intense chaleur presque douloureuse à cet endroit précis au moment de sa TCH. À la fin de son hypnose, elle se déclara totalement guérie et elle put nous confirmer cette amélioration spectaculaire et durable quand nous la revîmes un an plus tard, lors d'une deuxième séance.

Sylvie Dognon, qui est traitée pour une fibromyalgie, m'écrit quinze jours après sa TCH pour m'informer que ses douleurs chroniques des genoux ont totalement disparu depuis son atelier.

[…] Le réveil est dur. Je suis vide et sans force.
Je veux me lever, mais je m'aperçois que mes genoux ne me tiennent pas.
J'ai mal, très mal. Je constate que je suis encore à l'ouest.
Cela me surprend et je rigole de l'intérieur. Oups ! je me dis, je ne peux pas me lever.
Non, pas encore. Alors je prends le temps nécessaire.

J'observe mon voisin sur le côté et je me dis : est-il à l'ouest lui aussi ?

Je le vois étirer ses jambes. Ah tiens ! Lui aussi a un souci de jambes. Je me laisse aller, je reprends mes esprits. Et j'arrive enfin à capter : eh oui, ma vieille, te voilà revenue.

J'essaie de caresser mes jambes en espérant qu'elles ne vont pas me jouer un tour.

Je les frotte. Ouf ! La douleur s'estompe. Le voyage fut doux, merveilleux, unique, extraordinaire, somptueux, magique.

J'essaie de me lever. Ouf ! Mes jambes me tiennent. Enfin, je suis debout. Et j'observe. Je suis d'un calme étonnant. Cela ne me ressemble pas. Je me demande pourquoi j'ai eu si mal aux genoux. J'en conclus que j'ai reçu un soin de là-haut pendant la séance. Je souffre de fibromyalgie. Je me dis chouette, mon homme ne m'appellera plus Robocop le matin. Depuis cette TCH, je ne souffre plus des genoux. Surprenant.

Sylvie Dognon,
TCH du 27 juillet 2019 à Toulouse.

Sous hypnose, il arrive souvent qu'un TCHiste entende un prénom, aperçoive un visage ou une entité qui lui sont totalement inconnus. Dans ces cas-là, je lui demande toujours d'en faire la description, car cette présence pourra correspondre à un défunt qui sera reconnu par un autre participant. La perception médiumnique se serait perdue si celle ou celui qui a eu cette opportunité d'audition ou de visualisation n'avait pas témoigné. Tout se passe comme si l'entité qui n'a pas pu contacter directement sa cible se débrouillait autrement pour lui signifier, par un signe de reconnaissance précis, sa survie dans l'autre monde.

Ce phénomène de médiumnité croisée se produit souvent lors de nos ateliers et je dois parfois insister pour trouver le destinataire du message : « Vous êtes bien sûr que la description qui vient d'être faite ne dit rien à personne : une dame blonde avec une queue-de-cheval qui montre un gros grain de beauté posé sur sa joue gauche, qui est d'un tempérament espiègle et joueur, ça ne parle à personne ici ? » Après un long silence, une main finit par se lever : « Oui, ma fille était comme ça. Elle était très fière de son grain de beauté sur la joue gauche et ça ne m'étonne pas qu'elle l'ait indiqué à Madame de cette façon... »

Dans ce même registre de non-dits, je me souviens de cette jeune femme vêtue de noir qui était restée en retrait après le débriefing. Elle se tenait debout près de mon bureau où certaines personnes faisaient la queue pour me parler ou me faire signer un livre qu'elles avaient apporté. Elle attendit que tout le monde soit parti pour s'adresser à moi :

« Je voulais vous dire que l'homme qui a été vu ce soir par une dame correspond parfaitement à mon mari, ce ne peut être que lui, j'en suis absolument certaine. »

Devant mon air interrogateur, l'énigmatique participante poursuivit :

« Oui, elle a dit qu'un homme brun avec une fine moustache qui se prénommait Éric voulait être pardonné pour ce qu'il avait fait et ça, évidemment, ça me parle. Éric s'est tiré une balle dans la tête il y a six mois et personne ne comprend pourquoi il a fait ça... Personne... Personne n'a rien vu venir... Même moi, sa femme... Je suis venue à cette TCH pour avoir une réponse, mais je n'ai rien vu... J'ai vu des couleurs, des silhouettes et après je crois que je me suis endormie... En fait, c'est cette femme qui a reçu son message à ma place...

— Effectivement, je crois que c'est suffisamment clair et précis pour comprendre que ce message était pour vous.

— Oui, merci. Je voulais vous remercier pour ça.

— C'est surtout cette femme qu'il faudrait remercier...

— Oui c'est vrai, mais je n'ai pas osé aller la voir. Je n'ai même pas osé prendre la parole quand vous avez demandé si sa vision évoquait quelque chose à quelqu'un. Je suis assez timide et j'ai déjà pris sur moi pour venir faire cette séance avec des gens que je ne connais pas. »

Florence Harbois m'écrit ceci, après avoir participé à une TCH à Blagnac le 2 juillet 2018 :

Je ne suis pas dans le deuil. Ce qui m'a conduit à la TCH, c'est une peur viscérale de la mort depuis de nombreuses années. Il y a quatre ans, j'ai consulté une médium qui m'a suggéré d'assister à vos conférences. Je ne vous connaissais pas à l'époque. Je me suis intéressée à vos travaux, et aujourd'hui je suis ravie d'avoir vécu ma première TCH, mon regard sur la mort a complément changé... Je n'ai plus peur.

Merci pour votre magnifique travail et votre disponibilité ! À présent, je suis prête à vous livrer mon expérience inoubliable.

La séance débute, j'arrive facilement à m'ancrer, puis à la montée des chakras, ça va très vite, je suis en avance, je reviens à plusieurs reprises pour me synchroniser avec vos consignes, cela ne pose pas de problème, j'attends... À ce moment, une dame se présente à moi, je ne la connais pas, elle ne me parle pas, on se regarde, je ressens quelqu'un de jovial. Elle est heureuse. Quand je décris cette personne après la TCH, vous me demandez si je pourrais la reconnaître sur une photo. Je réponds oui. Une dame dans la salle lève le bras, me demande plusieurs détails physiques sur cette personne. Elle la reconnaît, c'est son amie décédée d'un cancer.

Le participant qui ose parler en premier mérite le respect ; ce n'est pas facile de raconter, devant un public inconnu, l'inconcevable histoire intime que l'on vient de vivre. Ce récit initial va permettre de dénouer la situation en déliant les langues. S'il est original et émouvant, les autres TCHistes auront moins peur et moins de scrupules pour livrer les leurs.

Les ateliers se suivent et ne se ressemblent pas. À vrai dire , il n'y a pas de règles précises. Les résultats des questionnaires peuvent être excellents, mais avec un débriefing médiocre si la parole ne se libère pas. Si les gens sont trop émus ou trop choqués par ce qu'ils ont vu ou entendu pendant l'hypnose, s'ils jugent que ce qu'ils ont vécu est trop marginal ou trop *flyé* comme disent les Canadiens pour désigner tout ce qui frise le délire, ils passeront le micro au voisin ou à la voisine. *Idem* s'ils sont timides ou s'ils ont horreur de prendre la parole en public. Inversement, les réponses écrites peuvent être mitigées avec un débat exceptionnellement bon. Il suffit de quelques témoignages forts pour que la situation se débloque et que les autres participants racontent des choses qu'ils avaient omis de mentionner au moment de remplir leur fiche.

J'avoue que quand se termine le troisième débriefing de la journée et qu'il est à peu près une heure du matin, les yeux me piquent un peu et j'ai une furieuse envie d'aller me coucher. Marc aussi d'ailleurs, je le vois ; ses paupières papillonnent et il dit souvent : « Ouais, ouais, c'est vrai, c'est vrai... » Il y a des signes qui ne trompent pas. Dans notre trio, seul Étienne résiste vraiment ; il est capable de rester une heure de plus à écouter une seule personne qui va lui raconter son voyage ; il pourra même la conseiller et la guider pour qu'elle comprenne le sens de son vécu.

Et son attitude ne change pas quand c'est la séance du matin où nous n'avons qu'une petite heure pour nous restaurer avant d'attaquer celle de l'après-midi. Quelquefois, notre ami saute carrément le repas pendant que Marc et moi avalons notre salade César en tête à tête. L'insatiable bonhomme se montre tout aussi attentif et disponible quand c'est la dernière séance du week-end et qu'il devra faire parfois plusieurs centaines de kilomètres en camion après avoir emballé les douze mètres cubes de matériel nécessaires aux ateliers. Pris par l'enthousiasme contagieux de mon acolyte, il m'est aussi arrivé de finir bien plus tard que prévu.

Par exemple, un dimanche soir après dîner, Étienne et moi décidâmes d'enregistrer un MP3 de préparation à la TCH[1] dans la salle où nous venions de faire notre dernier atelier. Le dimanche, nous n'avons jamais de séance en soirée, cela me permet de prendre un transport rapide, train ou avion, pour être au bloc opératoire à Toulouse le lundi matin à 7 h 45. Mais cette fois-ci, compte tenu de notre éloignement et de la disponibilité des vols, mon retour sur Toulouse ne pouvait pas avoir lieu avant le lundi matin ; une nuit supplémentaire sur place était donc obligatoire. Alors, autant profiter de ce temps

---

1. Disponible gratuitement sur www.irccie.com

libre et de l'installation de l'atelier qui faisait office d'excellent studio d'enregistrement. Emballés par notre passionnant projet, nous ne terminâmes notre mission que vers trois heures du matin. Nous ne fûmes interrompus qu'une seule fois, environ deux heures et demie plus tôt, par un type plutôt baraqué qui nous planta le faisceau de sa lampe torche en plein visage en hurlant : « Kèèèèèèèèèèèssss que vous foutez là vous à cette heure-ci ???!!! » Nous avions effectivement choisi de travailler dans l'obscurité pour pouvoir mieux nous concentrer sur la musique et les sons qui devaient être mixés avec ma voix. Nous eûmes rapidement l'explication de l'intrusion du géant noir en uniforme bleu. Quand avaient retenti les douze coups de minuit au clocher de la cathédrale voisine, la veilleuse de nuit de l'hôtel avait entendu des bruits bizarres et le son d'une voix dans la pièce où, durant toute la journée, des gens sous hypnose avaient appelé des fantômes.

Pensant que toutes ces demandes avaient abouti, prise de panique et n'osant plus bouger un orteil, la jeune femme avait alerté le vigile pour qu'il pénètre dans la pièce hantée.

Par moments, je me demande si en plus d'être médium et musicien, Étienne ne viendrait pas d'une autre planète…

*
* *

En sortant de l'atelier, beaucoup de choses restent confuses, il faudra au moins quelques heures de « digestion » pour retrouver les informations perdues et écrire un récit aussi détaillé que celui que vous allez lire maintenant.

Liouba Willock décrit parfaitement la manière dont elle a vécu sa séance de TCH et en relate les différents moments. Son compte rendu offre une bonne synthèse de ce que nous venons de voir.

Bonjour M. Charbonier,

J'ai participé hier samedi à ma première TCH. Je suis venue sans demande particulière, sans attente, me disant que s'il ne se passe rien, j'aurais malgré tout reçu un soin particulier. Venant de loin (Manosque), j'ai préféré arriver à Toulouse la veille pour n'avoir ni le stress ni la fatigue de la route.

Je suis donc arrivée samedi matin devant la salle, détendue, et ai timidement échangé avec les autres personnes.

Je suis infirmière depuis plus de quarante ans et kinésiologue depuis vingt. J'ai 65 ans.

Vers 9 heures, Marc nous ouvre les portes et nous détaille le déroulé de la séance. Vous arrivez dans la salle, vous faites le tour de la table en serrant la main de tous. Votre poignée de main est chaleureuse, réconfortante, bienveillante. Votre présence est rassurante.

Vos explications sont claires, précises. Lors de l'égrégore, j'ai ressenti une émotion pointer son nez : les yeux me piquent, s'embuent, j'ai une boule dans la gorge.

Une chaleur dans la main gauche au contact avec la personne à mes côtés.

Je prends possession de mon transat, je m'installe confortablement comme Marc le recommande, bouteille d'eau dévissée. Je mets le casque dans le bon sens, droite, puis gauche.

Votre voix apaisante nous amène avec des respirations profondes vers l'ancrage : mes jambes et mes pieds sont prolongés par de solides racines qui s'enfoncent à la verticale, fortes et puissantes. Mon corps et mes membres sont lourds, très lourds. Je ne ressens plus vraiment mon corps. Je visualise bien les chakras, les couleurs sont belles et lumineuses. Je me laisse guider par votre voix, parfois je vous précède un tout petit peu. Le chakra couronne est ouvert, un jet blanc lumineux en éventail part du sommet de ma tête.

Vous nous invitez à sortir, une spirale conique (large en haut) m'entraîne vers le haut. Je ne me vois pas, je sens que c'est moi qui suis dans la spirale qui monte. Oui, je vois la salle, les fauteuils rouges, les participants, l'hôtel, la ville ; la spirale monte et l'ascension continue.

Je vois la brume, je la ressens autour de moi. Je vois un banc, blanc, en pierre je crois, j'y vais et j'invite ma famille : « Venez me voir, j'aimerais tant vous voir. » Rien, personne, toujours la brume dense tout autour de moi. Je sens leur présence. Je sais qu'il y a du monde. Devant moi, un peu sur ma gauche, il y a quelqu'un de long, grand, lumineux, je ne vois pas de visage. Juste une présence lumineuse. Je redemande : « Venez me voir. » Je me sens un peu seule. Ma CAC me dit : « il n'y a personne, tu ne verras rien ». J'attends un peu et je vois arriver Tara, ma petite chienne bichon partie, adulte, il y a cinq ans, et là elle est bébé et trottine vers moi. Enfin, je vois maman qui arrive, elle sourit, elle est joyeuse, plus jeune, peut-être la cinquantaine et elle me dit : « On est là, on est tous bien, on t'aime. » C'est fugace, je ne reste pas, je monte plus haut encore. Mon guide de lumière est toujours à ma gauche. Je vois de vastes paysages vallonnés d'un vert intense, émeraude étincelant, et un palmier couvert d'étoiles et ma CAC me dit : « Mais les palmiers n'ont pas d'étoiles ! » Et je lui dis : « Chut, tais-toi, laisse-moi profiter de ces paysages merveilleux. » Les fleurs sont magnifiques et très colorées. Un cerf vient à ma rencontre. Il est grand et majestueux. Il me regarde, calme et royal, l'espace d'un instant. Tout va très vite, j'ai l'impression d'être parmi les oiseaux. Je suis un oiseau ! Je vole, je vois les paysages de plus haut. Un visage de loup se présente à moi, tout va très vite. Il y a des papillons bleus qui volent autour de moi. Je vois des maisons qui ressemblent à des igloos féeriques avec des fenêtres.

Ma CAC revient parfois : j'entends vaguement des ronflements sur ma droite, mais je réponds : « bah oui, il ou elle dort, mais je veux continuer à ressentir et vivre cette expérience ». Je n'entends ces ronflements que par intermittence.

Je pense très fort : « J'aimerais connaître le nom de mon guide, donnez-moi son nom, dis-moi ton nom que je puisse t'appeler. » Devant moi apparaît une femme, les cheveux longs, roux foncé, vêtue d'une longue robe. Elle me demande : « Tu me vois ? » Je réponds : « Oui ! » Tout se passe sans parler. L'être lumineux est toujours à mes côtés. « Nous sommes là, avec toi. » À plusieurs reprises, les larmes montent, c'est tellement intense. Tout va très vite, je n'ose pas trop demander, j'ai une certaine retenue, une timidité. J'hésite, mais j'aimerais tant savoir pour l'avenir, ce que je dois faire. À ce moment, je ressens quelque chose d'extrêmement puissant jamais ressenti de ma vie : une onde puissance mille, comme une vague énorme partant du chakra du cœur qui grandit, ondule et atteint toutes les parties de mon corps jusqu'à mes cheveux. Un séisme incontrôlable ! Je sens les larmes qui coulent sur ma joue gauche. Je continue à voyager. Je suis seule dans l'espace. Je ne me vois pas, suis-je une poussière ? Je vois la Terre, toute petite, bleue et ocre encore loin, très loin. Elle se

rapproche très vite. J'entends votre voix qui me ras-
sure et me redonne une direction. Elle me dirige dans
cette immensité. Vous me demandez de revenir et je
dis : « Non pas encore, j'ai envie de jouer, là-haut c'est
plus joyeux. » Je me sens plus libre et sereine. Votre
voix nous appelle. Je prends le fil d'argent, je des-
cends, puis je remonte et je revois notre Terre. Enfin,
je redescends et décide de vous suivre. Je vois l'hôtel,
la salle, mon corps. J'ai la tête qui est trop pleine, avec
une surpression presque douloureuse. Ma CAC me
dit : « Il faut que cela s'arrête. » Je redescends dans
la même spirale blanche, conique, large en haut. Les
chakras défilent : le chakra couronne est d'une blan-
cheur éclatante, l'indigo couleur améthyste, le bleu
comme le ciel de Provence, le vert émeraude, le jaune
éclatant comme un grand tournesol ouvert. De nou-
veau, l'onde revient. Elle me secoue une fois de plus,
mais un peu moins fort que la première fois. Le rouge
du chakra racine se forme en dessinant un énorme
cœur ! J'ai dans les mains des boules d'énergie très
lourdes. Après avoir ôté le masque et le casque, les
émotions – de façon moindre que durant la séance –
m'envahissent, me submergent. Les pleurs viennent
sans que je puisse les contrôler, sans savoir vraiment
pourquoi je pleure. Lors du débriefing, je ne peux tout
exprimer. Les émotions sont très présentes, mes yeux
sont embués. Heureusement que je devais intervenir
après les autres participants, sinon je n'aurais rien pu
dire.

L'impression de surtension dans la tête disparaît.
Ma nuque est un peu raide. J'ai beaucoup de mal à
atterrir. Je suis très bouleversée. Cette séance était très
intense et pourtant elle m'a paru courte. Je n'ai pas
l'impression d'être restée plus d'une demi-heure dans
cet état. Tout était si rapide. Je n'ai pas pu reprendre
le volant tout de suite.

Après mes six heures de route, exténuée, je croyais que j'allais dormir, mais impossible. J'ai alors pris un stylo pour pouvoir relater mon voyage. J'ai ma CAC qui me dit : « Tu inventes, tu rêves ! » Et pourtant, je sais que je ne dormais pas. Tout ce que j'ai vu, décrit, vécu, les émotions qui m'ont bouleversée… Je n'essaie pas d'analyser, j'attends, je reste dans l'acceptation. J'ai demandé des signes clairs, que je comprenne bien sans que je puisse douter. M. Charbonier, un énorme MERCI pour tout ce que vous faites. MERCI. C'était ma première TCH. Je ne pense pas me tromper en disant que j'en ferai d'autres. Nous sommes avec vous. Merci à toute votre équipe. Vous êtes d'excellents guides.
MERCI MILLE FOIS !

Liouba Willocq,
TCH à Toulouse le 27 juillet 2019.

Je poste régulièrement sur ma page Facebook, qui compte plus de 70 000 abonnés, des expériences de TCH aussi magnifiques que celle-ci. Ces témoignages non anonymes sont repris par les sites des internautes qui me soutiennent. Je ne les rends publics qu'avec l'autorisation et la signature de leurs auteurs, car ils sont tellement incroyables que mes détracteurs pourraient penser que je les ai inventés. C'est d'ailleurs ce qu'ils ont prétendu la première année où je les ai mis en exergue sur les réseaux sociaux, en préférant conserver une confidentialité qui devait *a priori* inciter à m'écrire sans crainte d'être moqué ou ridiculisé sur le Net ; du moins était-ce ce que je pensais à l'époque. La suite a montré que j'avais tort, car, sauf rares exceptions, les TCHistes acceptent volontiers de raconter l'inconcevable à visage découvert et me donnent la plupart du temps leur feu vert sans hésiter pour que je les publie.

Dans les années 1970, le Dr Raymond Moody publie *La Vie après la vie*[1]. Dans cet ouvrage, le professeur en philosophie devenue psychiatre pour étudier les NDE expose un certain nombre de témoignages de personnes qui ont visité l'au-delà au cours d'un coma ou d'un arrêt cardiaque. Dans ce célèbre livre, tous les comptes rendus des *expérienceurs*[2], qui sont largement repris et commentés par l'auteur, sont simplement signés par des initiales. Il est sûr qu'à l'époque, personne n'aurait risqué sa réputation en exposant au public ce genre d'aventure. Malgré ce que l'on peut dire ou penser, les mentalités évoluent et les choses avancent dans le bon sens.

Tous ces récits extraordinaires de TCHistes sont donc lus régulièrement par des dizaines de milliers de personnes. Ils sont bien sûr réconfortants pour ceux qui en prennent connaissance, mais peuvent aussi entraîner des frustrations chez les participants qui ne vivent pas des événements aussi riches durant leur hypnose. Cela induit même parfois chez eux une sorte de culpabilité. Ils se demandent pourquoi certains parviennent à contacter aussi facilement leurs défunts alors qu'eux n'ont rien vu, rien entendu, rien perçu ou presque. Qu'ont-ils fait pour mériter ce silence ? Pourquoi l'être cher décédé n'a-t-il pas souhaité se manifester dans ces circonstances ? Est-ce une preuve de désamour du défunt envers la personne qui souhaite la contacter en TCH ?

---

1. *Op. cit.*
2. Néologisme du terme américain *experiencer* utilisé par Moody pour désigner les personnes qui ont vécu une NDE.

J'ai l'habitude de répondre régulièrement à toutes ces questions qu'il est bien légitime de se poser. S'il est difficile pour nous d'élever nos vibrations énergétiques pour recevoir des informations médiumniques, on peut imaginer que ça l'est tout autant pour l'entité d'abaisser les siennes pour se mettre à notre niveau. Ce ne serait ni une question de choix ni de volonté, mais plutôt une question de capacité. Cette aptitude à établir une rencontre médiumnique de cette façon n'aurait par conséquent rien à voir avec l'amour unissant deux êtres situés de part et d'autre du voile qui sépare nos deux dimensions. Les efforts des uns et des autres ne sont pas toujours ni systématiquement couronnés de succès.

Lors de sa TCH faite à Toulouse le 10 novembre 2018, Peggy Martinez rencontre une magnifique femme bleutée qui lui révèle être son guide. Peggy en profite pour lui poser un certain nombre de questions.

Je lui demande ce que je peux faire pour aider l'humanité à s'éveiller spirituellement, elle me répond : « Je te l'ai dit déjà, tu accomplis à merveille ta mission, rien de plus que ce que tu fais déjà, tout est parfait, c'est très bien, le docteur a seulement besoin de confirmation, dis-lui... » Cette fois, c'est ma CAC qui répond : que je lui dise quoi ? C'est bizarre ça... « Dis-lui pour les vibrations, il y aura toujours des personnes qui auront des difficultés à nous joindre et à nous voir, tu ne peux pas t'imaginer à quel point certains sont empêtrés dans la matière, ceux-là doivent avant tout augmenter leurs vibrations et faire eux-mêmes leur chemin spirituel. Ils pensent trop et trop fort, ça ne sera jamais du 100 %. »

L'entité pourra, comme on l'a vu précédemment, trouver un récepteur plus disponible dans l'assistance pour faire passer son message au TCHiste qui ne la capte pas. Et inversement, un autre TCHiste pourra contacter un défunt inconnu ou inattendu, car l'entité qu'il désirera rencontrer ne sera tout simplement pas disponible pour établir le contact tant désiré.

Il faut aussi préciser que les perceptions médiumniques sont des ressentis subtils qui ne sont pas nécessairement à la portée de tous.

En lisant tous ces témoignages de TCH, on a l'impression que les vécus qui sont décrits ne font pas nécessairement appel aux cinq sens reliés à la CAC, mais que dans bien des cas, il s'agit plutôt de perceptions extrasensorielles : télépathie, vision sans les yeux, sensation de présence, sentiment d'être touché ou caressé sans véritable contact physique, etc.

On retrouve parfaitement cela dans le récit que m'a envoyé Marie Russier qui a fait sa TCH à Nice en mai 2017.

[...] Puis d'un coup, un grand sentiment d'amour : la perception de mon père, de l'amour de mon père. Des larmes sont venues, fugaces. Je ne voyais pas mon père, mais je le sentais. Je sentais que c'était lui. Une phrase dans ma tête, la voix de mon père : « Tu avais raison ma bourrique, y a bien une vie. »

Puis cette perception a disparu. Je suis aspirée dans une sorte de couloir assez clair avec une lumière scintillante au bout, un peu comme si elle clignotait. Puis j'ai le sentiment qu'il y a plein de silhouettes, ma mère jeune, environ 30 ans, que je n'ai pu connaître à cet âge-là et qui est décédée à l'âge de 50 ans (j'avais

14 ans), trois amies, mon cousin, ma marraine. *Tous disent en chœur : « Tout est en place, il fallait tous ces événements pour ta mission. »* Je ne les entends pas avec mes oreilles, « cela parle » en moi, comme de la télépathie.

Une phrase se répète, toujours dans ma tête en télépathie, prononcée par un être lumineux que je sens, mais que je ne vois pas : « Tout est dans tout. La feuille de l'arbre est comme toi. » Et je me ressens feuille d'arbre et je suis la même ! « La feuille de l'arbre porte elle aussi TOUT de l'Univers comme Tout ce qui est Vivant. » Puis je ressens la présence d'êtres de lumière, tous emplis d'amour. Sentiment qu'ils tentent de me transmettre, de me faire comprendre, quelque chose du genre « le jugement est source de souffrance. Toute sorte de jugement est source de souffrance. Le jugement sur les autres, mais aussi la peur du jugement de l'autre sur nous. Important de t'en libérer pour ta mission ! »

Dans la descente, l'image d'un aigle, du visage de Victor Hugo et de beaucoup de silhouettes aperçues qui me disent au revoir par un signe de main et de grands sourires. Perceptions, idem, je ne peux pas dire que je les ai vus avec mes yeux, mais les perceptions étaient très fortes. Je les sentais.

Lorsque j'ai dû « réintégrer » mon corps par le haut de mon crâne, j'ai eu le sentiment que c'était trop petit, trop serré, que je ne « rentrerai jamais là-dedans ! »

*
*   *

Contacter sa CIE en TCH permet d'avoir accès à une quantité impressionnante d'informations et nous allons maintenant voir que celles-ci ne sont pas exclusivement centrées sur les contacts avec les défunts.

Des renseignements obtenus en TCH sur l'avenir bouleversent la notion classique de l'hypnose qui prétend que cette technique fait resurgir des souvenirs enfouis dans l'inconscient. Or, de toute évidence, des événements précis du futur ne peuvent pas être cachés à ce niveau puisqu'ils n'existent pas encore.

Le recul de cinq ans que nous avons sur cette technique nous a permis de constater que certaines scènes visualisées en TCH se sont bien produites plusieurs mois ou plusieurs années plus tard. Par exemple, une TCHiste a vu durant son hypnose un futur compagnon qu'elle ne connaissait absolument pas. Deux mois après sa séance, elle rencontre cet homme et sa visualisation sous hypnose est tellement précise et insistante qu'elle osa aborder l'élu de son cœur sans aucune crainte. Ils forment aujourd'hui un joli couple qui vit en parfaite harmonie.

Pour Pierrick Bizien, qui a fait une TCH à Bordeaux le 5 octobre 2019, le futur qui lui est indiqué concerne des faits importants qui se sont déroulés quelques heures plus tard seulement. Ce jour-là, il est accompagné de son épouse Rachel dont nous lirons plus loin l'expérience personnelle. Voici ce que m'écrit Rachel à propos de la TCH de son mari.

Mon époux et moi avions pris la parole lors du débriefing. Mon mari vous a dit qu'il avait vu plusieurs visages, dont un qui l'a fortement interpellé, celui d'une jeune fille très brune aux cheveux longs entre 20 et 25 ans. Vêtue de noir, elle le regardait d'un air angélique, la tête penchée sur le côté. Il ressentit en même temps une forte douleur à la poitrine et eut le souffle coupé.

Nous habitons Montpellier et avions repris la route après notre petit déjeuner le lendemain matin de bonne heure.

Durant notre trajet, nous nous remémorions la séance de la veille afin de décortiquer et d'interpréter au mieux ce que nous avions vu. Mon mari était très intrigué par la présence de cette jeune fille. Que voulait-elle faire passer comme message ? Pourquoi lui était-elle apparue ?

Toutes ces questions étaient sans réponse, lorsque dans le même temps, nous avons assisté à un terrible accident de bus qui allait dans la direction opposée, vers Bordeaux. Le bus était couché sur le bas-côté et des personnes étaient allongées sur le talus pendant que l'hélicoptère tentait de se poser sur l'autoroute.

Nous frissonnons à chaque accident auquel nous assistons car cela nous renvoie à deux années en arrière, à un appel téléphonique en pleine nuit qui nous informait que Darlen, notre fille unique de 25 ans, venait d'avoir un grave accident de la route et que l'hélicoptère devait la transporter à Amiens. Jeune infirmière, Darlen acceptait les services de nuit, de jour, d'un hôpital à un autre. Elle ne s'arrêtait jamais, elle aimait tant son métier et l'être humain. Mais un assoupissement au volant fut la cause de la fin de sa vie ici-bas.

Mon mari changea la fréquence de la radio afin d'obtenir celle de l'autoroute pour avoir de plus amples informations sur cet accident. J'ai trouvé cela étrange, car il ne change jamais de station quand nous roulons.

Le lendemain, il se connecta sur Internet dans les articles de journaux locaux et découvrit qu'il y avait eu un décès dans cet accident, une jeune fille de la région bordelaise, mais ces articles ne révélaient pas son identité.

Hier, mon mari est retourné sur Internet afin de prendre connaissance des avis de décès et a fini par trouver l'identité de l'accidentée : Kassandra Tamisier, âgée de 21 ans.

Nous sommes ensuite allés sur Facebook pour vérifier si elle y était inscrite. Ce fut le cas. Mon époux était décomposé, devant ses yeux la photo de la défunte était celle de la jeune fille aux cheveux bruns qu'il avait visualisée lors de sa TCH !

Je me souviens parfaitement que quand mon mari nous a raconté, au débriefing, ce qu'il avait vu lors de cette séance, vous aviez demandé au groupe : « Est-ce que l'une ou l'un d'entre vous a un défunt qui correspond à cette description ? » Personne n'a répondu.

Et pour cause, puisqu'elle était, à cet instant encore, bien vivante.

Jehanne Martel rencontra son papa décédé lors de sa TCH du 22 octobre 2017 à Lyon. Celui-ci lui donne des conseils sur son avenir et lui montre une serviette de toilette rouge dont la présence quasi quotidienne sera validée six mois après son expérience.

[…] Le brouillard se dissipe et je suis les recommandations du Dr Charbonier. J'avance dans la prairie et j'appelle mon papa. J'appelle, j'appelle. Enfin, je le vois arriver. Il est habillé d'un short de randonnée et d'un sweat gris à capuche avec une poche ventrale. Je ne me souviens pas de ce sweat, mais plus tard, ma mère m'a dit que c'était le sweat qu'il portait en randonnée quand j'étais petite. J'ai l'impression d'être plus grande que dans la réalité, car normalement, je mesure 1,70 m et lui 1,92 m, et là, je lui arrive au niveau du nez. Nous

nous serrons dans les bras et je ne le lâche plus jusqu'à ce que le docteur nous emmène ailleurs.

Je me retrouve assise sur une grosse pierre dans l'herbe et mon papa me rejoint. Je lui demande comment il va. Il me répond que tout va bien et il rit, comme si c'était une évidence. Je mets ma tête sur son épaule, il me tient et nous restons comme ça. Il me semble que le docteur nous incite à poser des questions, alors je lui demande ce que je fais là, dans cette vie, qu'est-ce que je dois faire, quel est mon but ? Je demande quelque chose comme ça. Il me semble entendre « animaux », mais je ne suis pas bien sûre. Alors, mon papa me montre une série d'images, que je comprends être des jalons qui devraient me renseigner, me rassurer, sur la direction à prendre, m'aider à choisir peut-être. L'une d'elles m'a semblé être celle d'une serviette rouge. Plus de six mois plus tard, je peux dire que quasiment chaque jour depuis trois mois, je m'essuie les mains dans une serviette rouge à mon nouveau travail.

Benjamin Brillon est pompier et magnétiseur. Le 15 octobre 2018, il fait une TCH à Toulouse et au cours de sa séance, il reconnaît un regard féminin qu'il a déjà vu alors qu'il se relaxait tranquillement sur le canapé de son salon. Chez lui, cette apparition très nette n'aura duré que quelques secondes. Ce sympathique garçon aux allures sportives peut parfaitement décrire la fille qui s'est présentée devant lui avant de disparaître d'un seul coup comme l'aurait fait une bulle de savon qui éclate brusquement : ses cheveux sont coupés au carré, elle est très blonde et a de jolis yeux bleus en amande.

Voici le mail que Benjamin m'envoie le 20 août 2019 :

Bonjour Docteur,

Je reviens vers vous pour vous témoigner d'un fait extraordinaire dont vous êtes également acteur.

Bien avant ma TCH de Toulouse du 15 octobre 2018, j'ai eu la vision précise d'une femme, je vous ai déjà raconté cette anecdote d'apparition. Dans ma certitude imbécile, je pensais qu'il s'agissait d'une âme défunte en visite. Ce qui m'a surpris, c'est votre réponse. Vous qui n'affirmez jamais rien et gardez votre réserve scientifique m'avez répondu direct : « Cette personne va faire partie de votre vie ! »

En janvier 2019, je demande à Carole, une amie médium, de se « connecter » pour voir à quel moment je rencontrerais quelqu'un (j'étais dans une période de ras-le-bol et la solitude me pesait…). Carole me décrit alors une fille qui correspond étrangement à celle que j'ai vu apparaître dans mon salon plusieurs mois auparavant et elle me prédit que je la verrai à l'occasion d'un salon ou pendant une conférence.

Le 1er mai dernier, j'étais dans un salon du livre pour présenter celui que je vous ai offert. La rencontre a eu lieu ce jour-là. J'ai reconnu le visage que j'avais vu dans mon salon, le regard que j'ai revu en TCH et cela concorde avec la prédiction de Carole faite au mois de janvier (soit trois mois auparavant). Aujourd'hui nous sommes ensemble et je tenais à témoigner de cela.

Ma question est la suivante : Pourquoi avez-vous été aussi affirmatif avec moi ? Est-ce vous qui avez eu cette intuition guidée ou est-ce qu'un guide vous a utilisé comme « émetteur » ?

En espérant que cette extraordinaire histoire (pourtant bien réelle) ait pu vous servir, veuillez croire en l'expression de mes sentiments les meilleurs.

Pour répondre aux deux questions de Benjamin, je dois préciser que je n'avais aucune raison objective d'affirmer qu'il s'agissait d'une vision de son futur ; cette information ne peut donc venir que de ma CIE. Aucune analyse rationnelle n'aurait permis de trancher entre une hallucination, la perception médiumnique d'une personne défunte, l'image d'une vie passée ou celle d'un futur. Je ne sais vraiment pas ce qui m'a poussé à annoncer cela, mais ce n'est certainement pas ma CAC. Je ne saurais dire si l'information que je lui ai donnée ce jour-là venait de mes guides ou des siens, mais l'essentiel étant sûrement qu'elle lui parvienne.

Ce qui fut fait.

Ce fut un peu moins romantique, mais tout aussi probant pour une autre dame qui voit en TCH un chien jaune avec des yeux blancs. Cet animal la suit partout durant son voyage hypnotique et la pauvre femme, qui s'attendait à rencontrer ses défunts, est très déçue de sa séance qui ne se résume qu'à ce chien jaune aux yeux blancs. « Ben oui, je n'ai vu que ça et je ne comprends pas pourquoi ! » nous dit-elle totalement dépitée lors du débriefing. Quelques semaines plus tard, elle m'envoie la photo de ce fameux toutou (que j'ai postée avec plaisir sur ma page Facebook en racontant l'histoire). La TCH lui a montré son futur compagnon de vie puisqu'elle a recueilli ce vieil animal perdu au poil jaune dans les jours qui ont suivi la séance. La cataracte bilatérale qui opacifie ses pupilles avait effectivement blanchi son regard.

Cindy a également reçu la visite d'un chien inconnu lors de sa TCH. Voici ce qu'elle m'écrit dix mois plus tard.

[...] Lors de ma séance de TCH, j'ai vu un chien venir vers moi. Il est arrivé très rapidement, il était tout joyeux, il m'a léchée, il était blanc, noir et marron, c'était un bouvier bernois, une femelle, je pense. Je ne connais pas ce chien, et je me suis dit qu'il s'agissait peut-être d'un signe pour une personne qui était présente ce jour-là.

Il s'avère que ce chien fait dorénavant partie de ma vie. Une petite femelle est arrivée chez nous le 16 avril 2019. Incroyable, car je ne pensais pas du tout prendre un animal de compagnie. J'ai vu une annonce défiler à plusieurs reprises sur Facebook et j'ai compris que le chien que j'avais vu lors de la TCH était mon futur chien. Cependant, je l'avais vu adulte. Or là, c'est encore un chiot.

J'avais donc reçu cette information de mon futur.

Je reste persuadée que le futur est déjà là dans l'instant présent, mais sur d'autres dimensions. Tout se déroule en même temps, d'où les impressions de « déjà-vu ».

Je vous joins la photo du chien, ma fille a choisi de l'appeler Paillette, car pour elle, le chien est une lumière dans notre vie.

Un grand et immense merci.

Je vous encourage à continuer sur ce magnifique chemin.

Nous nous reverrons très prochainement.

Amicalement,

Cindy Fontaine,
TCH du 16 juin 2018 à 20 h 30 à Lille.

Le 12 janvier 2019, Pascale Chauliac fait une TCH à Toulouse. Pendant son expérience, une jeune fille lui donne une information sur le futur de sa fille. Une prédiction qui s'avérera exacte. Mais Pascale ressent une émotion bien légitime quand elle apprend qui lui délivre ce message et pour cause.

[...] Je demande : « Mais qui es-tu ? » en apercevant cette jeune fille. « Mais maman, je suis ta fille, la sœur de Raphaëlle ! »

Au cours de ma seconde grossesse, j'attendais des jumeaux et au quatrième mois, l'un d'eux ne s'est plus développé. La fille devant moi était donc la jumelle de ma fille. Surprise, je lui demande son prénom et elle me répond : « Marie, c'est le prénom que tu m'as donné. » Elle ajoute : « Je voudrais te dire de laisser un message à ma sœur, dis-lui que je veille sur elle, que je suis toujours avec elle, qu'elle peut me demander de l'aide et dis-lui aussi qu'elle va rencontrer quelqu'un cet hiver. » Je lui demande alors de quel hiver il s'agit pour savoir si c'est celui de la fin de l'année 2019 et elle me répond : « Non, avant ce printemps, elle ne sera plus seule, dis-le-lui bien. »

Ma fille a effectivement rencontré quelqu'un le 14 février, le jour de la Saint-Valentin.

L'après-TCH est au moins aussi important que le pendant, car en plus de valider d'éventuelles informations du futur, il ouvre d'autres facultés de la CIE jusque-là ignorées.

Bonjour Jean-Jacques Charbonier,

J'ai participé à ma deuxième TCH le 13 juillet dernier à Ardon, à côté d'Orléans. Pourquoi une deuxième TCH ? Pour pouvoir encore mieux apprécier l'expérience avec une CAC « rassurée » sur un protocole du coup connu, même s'il a évolué, et pour pouvoir ressentir une nouvelle fois ces présences et la force des informations reçues, ma première TCH m'ayant entre autres fourni des visions prémonitoires sur moi-même et Notre-Dame de Paris qui se sont toutes vérifiées... Depuis cette deuxième expérience TCH, il y a une semaine, mon intuition est décuplée et tout s'enclenche encore plus vite, dans ma vie personnelle et professionnelle...

Laurent Brousseau,
TCH du 13 juillet 2019 à Orléans.

Durant les sessions de TCH qui se sont déroulées à Troyes quelques heures avant l'incendie de Notre-Dame de Paris, nous fûmes surpris de constater que bon nombre de TCHistes évoquèrent lors de notre débriefing des incendies, des flammes, du feu, une forte énergie rouge, des cendres, du noir, des ruines, des têtes de gargouilles menaçantes. Un TCHiste a même vu une croix lumineuse au milieu de fumées tandis qu'un autre parla de l'incendie d'un gros bâtiment avec un échafaudage. Ces perceptions que nous avons notées sont tout à fait inhabituelles dans nos ateliers et ne prirent sens qu'au moment où nous apprîmes la bien triste nouvelle. On peut effectivement considérer qu'il s'agissait bien là de véritables flashs de voyance de ce qui allait se dérouler quelques heures plus tard. Voici par exemple l'extrait d'un témoignage relevé au débriefing :

« Puis sur ma droite, apparaît une femme, immense également, j'ai l'impression de reconnaître la Vierge et je ne suis pas croyant... et j'entends "La Dame... Notre-Dame"...

Je ne comprends pas qui est cette femme, cette dame. Je pense à un souvenir de la Vierge noire, et j'entends "non..., Notre-Dame". Elle a la beauté d'une statue, mais elle est vivante, elle est cachée derrière un voile noir, comme une dentelle noire, comme une dentelle de pierre noire, comme si elle portait le deuil... Elle est là, elle est grande et triste, j'aperçois par flash une forme, je ne vois pas ce que c'est, c'est comme un rectangle au sommet arrondi, plus large sur une partie des côtés, un peu comme la forme d'un papillon, mais les ailes sont trop courtes… Je ne saisis pas le sens, c'est tellement étrange… Et la dame est là, toujours cachée derrière cette dentelle de pierre noire, puis le bas de son corps se mue en un nuage noir, épais et dense comme la fumée d'un volcan… Je ne comprends pas cette apparition, cette tristesse qui se dégage et qui cache progressivement la lumière… Je suis attristé d'avoir une vision comme celle-ci, c'est tellement noir, tellement triste… »

On peut remarquer que le plan de la cathédrale de Notre-Dame ressemble bien à la forme décrite.

Pourquoi avons-nous reçu en TCH tous ces messages prémonitoires de cet incendie dévastateur ? Et d'ailleurs, si on va plus loin, on peut aussi se demander pourquoi cet incendie s'est-il produit ?

La foi, l'amour, la passion sont issus de notre âme.

L'âme est créatrice et sa sincérité qui nous transcende renverse les montagnes et transforme la matière en beauté.

Mais à trop vénérer la beauté de la matière, à trop vouloir l'admirer, la restaurer, la dorloter, l'utiliser, l'exploiter, nous en avons presque oublié l'essentiel : l'âme qui l'a construite et tous ceux qui ont souffert pour produire cette beauté.

Il me semble pourtant que le message qui nous a été envoyé lors de l'incendie de Notre-Dame était suffisamment clair. Il nous a été adressé la semaine qui évoque le renouveau, la résurrection après la destruction, presque à la minute d'une allocution importante du président Macron concernant la misère qui touche le peuple de France.

Au moment où les dirigeants de tous les pays doivent prendre des décisions urgentes pour les plus démunis, à l'heure où notre planète est en péril, on nous a parlé de dons faramineux et de milliards d'euros ou de dollars pour reconstruire la beauté perdue de la matière, en l'occurrence celle de Notre-Dame. Une beauté qui n'atteindra de toute façon jamais celle de l'émouvante construction qui datait de 800 ans. Oui, de gros moyens financiers sont donc rapidement mobilisables. La démonstration en est faite. Mais n'y a-t-il pas d'autres priorités dans ce monde en souffrance, y compris, et même peut-être surtout, pour les chrétiens puisqu'ils sont ici désignés ?

Allons-nous enfin pouvoir comprendre tous ces messages d'alerte qui nous sont donnés ?

Que nous faut-il de plus ?

Les informations qui nous sont adressées en TCH sont tout aussi puissantes que celles qui nous arrivent par le biais du journal télévisé. Encore faut-il savoir les lire et les interpréter.

En ce qui concerne les messages du futur, nous disposons également de nombreux témoignages de personnes qui ont changé de métier ou de lieux de vie après les avoir visualisés en TCH, mais dans ces cas précis on ne peut pas en conclure qu'il s'agissait de simples projections de leurs futurs, bien que ceux-ci se soient effectivement réalisés. On peut tout aussi bien penser qu'il s'agit plutôt de désirs cachés dans leur inconscient qui ont été révélés sous hypnose et dans cette hypothèse, la TCH n'aurait été qu'un déclencheur pour faire prendre conscience d'un souhait non exprimé jusqu'alors.

Florence Lacombe reste persuadée d'avoir visualisé une scène de son futur durant sa TCH. Mais ce qu'elle a vu pendant son hypnose a de quoi la perturber. Voici son témoignage.

Bonjour Monsieur,

J'ai donc assisté pour une première fois à votre atelier à Toulouse le samedi 27 juillet au matin.

Un événement très troublant me concernant s'est passé à la fin de la séance et je reviens vers vous aujourd'hui.

Précision importante : j'ai fait cet atelier avec mon compagnon, celui qui a beaucoup ronflé. Je l'ai rencontré il y a six mois à peine... une belle histoire en devenir...

Voici donc ce que j'ai vu :

Je suis au fond d'une église et je vois mon compagnon Pascal en marié dans un beau costume gris (je précise qu'il ne s'est jamais marié), avec « celle qu'il va épouser ». Il y a les invités dans l'église, tous de dos, et je suis focalisée sur Pascal qui est face aux gens. Il est très heureux, très souriant... alors que la mariée est et reste de dos.

Je suis abasourdie (ma CAC doit resurgir !). Je me dis que ce n'est pas possible, je ne me reconnais pas en mariée, de dos. J'ai l'impression d'être plus grande qu'elle dans la réalité. Il faut dire que Pascal mesure 1,91 m et moi 1,64 m. La mariée a des cheveux longs, bruns, ondulés, un peu plus courts que moi actuellement qui ai toujours eu les cheveux lisses !

Ma CAC dit : « Tourne-toi, la mariée, je veux voir ton visage... est-ce moi ? Mais non, on ne dirait pas ! »

Je suis paniquée, déboussolée, désemparée...

Puis je vois le visage de Pascal face à moi, en gros plan, il me dit qu'il m'aime et qu'il est très heureux...

Visiblement ça ne me suffit pas... je suis paniquée et je demande toujours à la mariée de se tourner pour que je puisse voir son visage...

Et là, je vous entends dire que la séance va se terminer... et tout le protocole... et moi qui me dis « non non je ne veux pas, il faut que la séance continue, je veux voir la mariée pour voir si c'est moi ! »

[...] Je ne sais pas si je l'ai vue ou non... j'ai peut-être l'impression de m'être vue une infime seconde de profil et m'être reconnue en mariée... mais vraiment pas sûre du tout...

Et là, la séance est terminée...

J'étais toute bouleversée, ce fut très douloureux...

Inutile de dire que je n'ai pas accordé de gentil sourire à mon compagnon à mes côtés en revenant à la réalité...

À la tête que je faisais, il a compris qu'il s'était passé quelque chose de déstabilisant pour moi...

On a bien sûr échangé ensuite... J'ai été perturbée de longues heures...

J'aimerais savoir ce que vous en déduisez...

Je vous remercie pour cette expérience que je renouvellerai... c'est sûr...

J'ai bien sûr répondu à Florence pour la rassurer. La TCH donne accès à des futurs possibles qui ne vont pas nécessairement se réaliser. Par notre libre arbitre, nous pouvons les modifier en fonction des informations dont nous disposons. Les personnes qui consultent des voyants ou des astrologues vont être renseignées sur d'éventuels événements futurs qu'ils pourront modifier en fonction de ce qui a été dit lors de leur consultation ; c'est tout l'intérêt de ce genre de démarche qui peut mettre en garde à propos de certaines situations ou de certains dangers qui surviennent dans l'existence afin d'avoir une action préventive pour tenter de les éviter.

J'ai tout de même conseillé à Florence d'apprendre à se méfier des femmes qui sont plus petites qu'elle, surtout si elles ont des cheveux bruns ondulés et qu'elles se rapprochent un peu trop de son amoureux.

Quand j'ai lu le récit de Florence Lacombe, je n'ai pu m'empêcher de repenser à cette jeune rouquine au teint hâlé qui est venue me parler à la fin de notre débriefing de l'après-midi, en 2018, à Lille.

J'étais encore assis à mon bureau, affairé à trier les questionnaires que l'on venait de me remettre quand elle s'est avancée vers moi. Cette fille aussi grande que mince déployait une sorte de charme envoûtant avec ses colliers et ses bracelets de perles multicolores, ses fanfreluches sur sa longue robe de gitane ornée d'imprimés représentant des têtes de pirate et ce parfum poivré plutôt masculin qui la précédait d'au moins trois mètres, et agissait comme le filet qu'un pêcheur habile lancerait très loin devant lui. Déjà son épiderme était paranormal ; tout le monde sait que les rousses ne s'exposent pas au soleil et qu'elles ont d'habitude la peau claire et diaphane. Son front plissé laissait penser qu'elle était inquiète ou contrariée par une chose qui venait de se produire, enfin j'allais bientôt le savoir, car elle semblait tout à fait décidée à me demander quelque chose d'important. « Euh, excusez-moi, je peux vous déranger cinq minutes ? » demanda-t-elle en tordant la carte de visite qu'un hypnothérapeute avait posée sur la table. Comme je finissais de compter en silence le nombre de satisfaits de la séance, je tardai un peu à répondre et c'est sans doute ce minuscule délai qui l'énerva un peu. Elle en déchira la carte.

« Oups, oh pardon, je suis vraiment désolée...

— Ce n'est pas grave, j'en ai plein d'autres », répondis-je en désignant tous les bristols étalés devant moi par celles et ceux qui étaient venus me saluer en espérant tisser des liens avec moi. Elle esquissa une grimace qui pouvait laisser penser qu'il s'agissait plutôt d'un sourire. Pour faire court, j'appris qu'elle était prof d'anglais, qu'elle avait fait une TCH à Toulouse et que lors de son hypnose, elle avait vu sa meilleure amie qui convolait gentiment avec son mari pendant qu'elle donnait ses cours au lycée. Elle venait de traverser la France pour faire une deuxième TCH qui lui en apprendrait peut-être davantage. « Et en plus, ça se passait chez moi, ils faisaient leurs saloperies dans notre chambre, exactement comme je l'ai vu en TCH ! J'ai voulu vérifier. J'ai vu la voiture de cette salope garée devant chez moi et le soir... je ne vous fais pas un dessin sur l'état des draps de mon lit... On a divorcé deux mois plus tard. L'affaire est réglée. Je suis maintenant heureuse avec un autre homme qui m'adore et que j'adore. Le seul problème c'est que je l'ai vu lui aussi dans la TCH que je viens de faire et il faisait l'amour avec un homme bien plus jeune que lui. Bernard avec un homme ; là, je suis sur le cul ! »

Que pouvais-je répondre à ça ? En un sens, pas mal de choses, j'aurais même pu tenir deux heures au moins dans un débat organisé à l'issue d'un colloque sur le fonctionnement de la conscience et les informations venant du futur ou du passé en prenant son expérience comme exemple, mais de toute évidence, la fille se moquait pas mal des hypothèses que je pouvais formuler sur le rôle de la CIE et de la CAC. Elle voulait simplement savoir ce qu'elle devait faire de l'information qu'elle venait de se prendre en pleine figure. Rien de plus. Je devais lui donner la solution. Je me sentais responsable, mais pas coupable, comme l'a dit un jour une ministre de la Santé au moment de l'affaire du sang contaminé. Ancienne femme politique de haut rang qui, soit dit en passant, est venue faire une TCH avec une amie à Paris. Malheureusement pour elles, l'expérience ne fut pas très concluante, sans doute un excès de CAC. Bref...

Ici encore, comme avec Florence, je me suis tiré d'affaire et j'ai pu la rassurer en évoquant les futurs possibles perçus en TCH qui ne se réalisent pas obligatoirement. Je n'ai plus eu de nouvelles. Peut-être se reconnaîtra-t-elle en lisant ce livre et reprendra-t-elle contact avec moi pour me donner la suite du feuilleton que je suis impatient de connaître ? Après tout, c'est très probable puisqu'elle m'a affirmé qu'elle lisait tous mes ouvrages.

Mais l'exemple le plus probant reste bien sûr les situations précises visualisées en TCH qui se vérifient par la suite comme c'est le cas ci-après.

Lors de mon témoignage de TCH à Lyon, j'avais partagé avec vous le passage très rapide et joyeux d'une petite fille qui filait très vite en me disant « j'arrive bientôt ! ».

À ce moment, la compagne de mon frère était enceinte et personne ne connaissait le sexe du bébé à venir.

Voilà qui est fait : cette petite fée est née cette nuit, je suis tatie et complètement folle d'amour !

Christel Fayard

Isabelle Bravo fait sa séance de TCH le dimanche 17 mars 2019, la date a son importance. Pendant son hypnose, elle voit sa sœur, décédée le 1er août 2018, et son papa, parti huit ans plus tôt. On lui apprend qu'elle va bientôt être grand-mère et cette nouvelle la surprend beaucoup, car aucune de ses deux filles ne semble décidée à fonder une famille. Un mois après sa TCH, Isabelle m'écrit pour m'annoncer que ses deux filles jumelles sont enceintes en même temps et que leur gynécologue situe la conception le même jour : le 17 mars 2019 !

Les visions du futur décrites par Sarah Parisot lors de sa dernière TCH à Metz le 2 juin 2019 ont de quoi nous réjouir si on pense que les prédictions révélées pendant sa séance s'avéreront aussi exactes pour sa rencontre annoncée que pour l'avenir de la TCH.

[...] Des silhouettes sont autour de moi, elles me sourient sans parler.

Soudain, une voix douce et féminine retentit, je lève la tête et là... le choc !

Je suis nez à nez avec la Sainte Vierge ! Je ne comprends pas, car c'est la première fois que ça m'arrive, je suis figée, j'ose à peine respirer... J'entends : « Écoute les conseils de l'ange sur Terre demain, il dit juste, il est pur, écoute-le attentivement. »

Je vois le visage de cette personne, et nous sommes tous les deux à un endroit précis.

Marie me parle d'Étienne, de Marc et de vous. La TCH va dépasser de façon spectaculaire les objectifs fixés, je vois l'Asie, une célèbre station de radio, une personne influente, une signature.

Mes guides, qui ne m'ont jamais quittée, me répètent : « Sarah, c'est le moment, tu es prête, tu ne dois pas avoir peur, si tu n'oses pas, le désarroi gagnera ton existence. »

Des informations ainsi que des visions plus person-nelles me sont données, je vois en coup de vent ma tante et ma grand-mère paternelles décédées.

Vous nous rappelez sur Terre, j'ai le sentiment que ce voyage a duré dix minutes, le retour est difficile, je suis déboussolée, perdue, exténuée...

Je n'étais pas au bout de mes surprises, car le lende-main, je me suis retrouvée à l'endroit désigné pendant la TCH avec la personne dont j'ai vu le visage, et elle m'a effectivement conseillée, ses paroles m'ont pro-fondément touchée, changée... Je tiens à préciser qu'il n'était absolument pas prévu, voire impossible, que je me retrouve bel et bien à cet endroit avec cette per-sonne !

Cette nouvelle expérience a été grandiose comme celle à Saint-Hippolyte !

J'éprouve beaucoup de gratitude pour ces cadeaux divins, encore merci, Docteur, et toute l'équipe, vous êtes adorables.

Soyez bénis.

Et puisque Sarah Parisot évoque sa TCH à Saint-Hippolyte, je dois aussi confier que c'est lors d'une des séances effectuées dans cette ville qu'une par-ticipante m'a donné une étonnante information concernant mon avenir.

Je revois parfaitement l'instant de cette révéla-tion. Nous sommes en fin d'hypnose. Le compte à rebours de fin a été donné depuis quelques minutes déjà. Selon mon habitude, je fais le tour de l'assem-blée pour vérifier qu'il n'y a pas de problème par-ticulier. Les bruits émis par ceux qui reviennent du voyage montrent que notre petite assemblée se réveille doucement : bâillements, chuchotements, craquements articulaires de membres étirés, quelques sanglots ou quelques rires étouffés. La routine. Enfin, pas tout à fait. Une dame au fond de la salle reste en transe hypnotique. Elle n'a enlevé ni son masque ni son casque et ses bras sont tendus en avant. Ce n'est pas la première fois que je suis confronté à ce genre de situation. Les claquements de doigts que je fais près de ses oreilles restent sans effet. Dans la plupart des cas, ils suffisent pourtant à retrouver la normalité de façon rapide et efficace comme l'indique le témoignage de cette TCHiste :

[...] Le retour dans le fauteuil fut aussi rapide qu'un volet que l'on ferme avec une chaîne, j'entends le bruit. Je remonte, pour redescendre avec vous, plus doucement. Cette douleur et cette tension sont toujours omniprésentes. Je prends mon temps pour revenir ici et maintenant. J'entends des doigts claquer près de mes oreilles. La douleur s'envole.

Christine Gauthier,
TCH du 25 mai 2018 à Besançon.

Mais ici, la récalcitrante ne souhaite toujours pas se réveiller. Je me positionne face à elle et lui enlève doucement son casque tout en lui parlant pour lui demander de revenir à un état de conscience normal. Aucune réaction. Je fais glisser lentement le masque vers le haut en poursuivant mon protocole de réveil. Et là, première surprise : ses yeux sont ouverts et son regard me fixe d'une manière inquiétante. D'une voix monocorde, elle me dit : « N'allez surtout pas au pont du Gard, je vous ai vu mourir là-bas ! » Une fois son message délivré, elle reprend une physionomie normale et sort totalement de son hypnose.

Que devrais-je faire de cette voyance qui concerne mon décès ? Je ne peux pas dire qu'elle restera sans effet ; il est sûr que je garderai désormais une petite appréhension à fréquenter ce lieu que je connais bien.

Il m'est déjà arrivé de modifier mes projets en fonction de messages reçus en voyance. Par exemple, Geneviève Delpech, qui a pu échanger de précieuses informations avec son célèbre époux Michel lors de deux TCH à Toulouse, m'a dissuadé d'acheter une moto au moment où j'allais faire cet achat. « Non, Jean-Jacques, je t'en supplie, n'achète pas de moto. Coluche ne m'a pas écoutée quand je lui ai fait cette même recommandation et quelques semaines plus tard, il se tuait à moto ! » Comment aurais-je pu passer outre cet avertissement ? Geneviève est une médium aguerrie qui a l'habitude de travailler avec la police pour résoudre des enquêtes et ses qualités de voyance ne sont plus à démontrer. Elle avait notamment demandé à Daniel Balavoine de ne pas participer au rallye Paris-Dakar, car elle le voyait disparaître lors d'une explosion meurtrière. On connaît, hélas, la fin du chanteur et l'accident mortel d'hélicoptère qui emporta l'un des plus grands chanteurs français de l'époque lors de ce fameux rallye, le 14 janvier 1986.

Une autre amie médium, Michèle Riffard, m'a annoncé une fin beaucoup plus rassurante puisqu'elle m'a dit que je vivrai jusqu'à 92 ans.

On peut s'amuser à croiser ces trois prédictions pour imaginer le scénario me faisant quitter ce monde. Trop âgé pour avoir ma mémoire intacte et toujours passionné par les deux roues, j'oublie la recommandation de Geneviève et je fonce chez un concessionnaire pour m'acheter la dernière grosse cylindrée en vente. Mon goût pour la vitesse ne s'étant pas calmé, je fais une petite balade vers le pont du Gard, puisque j'ai aussi oublié l'avertissement délivré en TCH, et je loupe un virage. Pourquoi pas ? Il faudra attendre encore une petite trentaine d'années pour savoir si tout cela se vérifie.

*

* *

On ne trouve pas nécessairement dans nos séances de TCH ce que l'on est venu y chercher. On reçoit uniquement l'expérience dont on doit bénéficier le jour J. C'est tout. Et ce vécu-là, personne ne peut le décider, ni mon équipe, ni celui ou celle qui fait l'atelier, ni moi. C'est l'Univers qui décide, pas nous.

Quand Michèle Torr est venue faire sa troisième TCH à Nice en février 2019, elle nous annonça que cette nouvelle expérience lui avait permis de retrouver son père décédé, mais aussi que les informations reçues dans ses précédentes séances lui avaient donné la force et le courage de changer totalement sa vie, lui faisant quitter définitivement l'homme qui la détruisait à petit feu sans qu'elle s'en rende vraiment compte. En 2010, celle qui chante si magnifiquement *Emmène-moi danser ce soir* avait porté plainte pour violences conjugales contre son tortionnaire pour finalement se rétracter ensuite. Qui aurait pu penser que l'interprète d'une chanson aussi romantique subissait en silence de tels traumatismes ?

Michèle avait posé des questions simples et précises au monde invisible et les réponses furent tout aussi catégoriques et sans aucune ambiguïté. Il faut dire que l'hypnose de la célèbre artiste qui a plus de 500 titres de chanson à son répertoire, dont plusieurs disques d'or, fut assez profonde puisque je dus intervenir à ses côtés pour la réveiller.

Au moment où *Nice-Matin* titra, quelques semaines plus tard, « Michèle Torr : séparation après vingt-cinq ans de relation », personne ne savait qu'une séance de TCH était peut-être à l'origine de sa décision.

Pierre Sébastien est chauffeur routier. Autant dire qu'il a la tête sur les épaules et qu'il est habitué à analyser les choses de façon rationnelle. Je le remercie de m'avoir donné l'autorisation de diffuser son témoignage. J'espère qu'il me pardonnera d'avoir un peu raccourci son récit (notamment les détails de son EMI vécu avant sa TCH). Je pense que cette réduction de texte lui donnera plus de visibilité et de force en allant à l'essentiel de son expérience. Il l'écrit lui-même : *mon récit n'est pas un poème comme le sont certains.* Effectivement…

Pierre est d'abord déçu par sa TCH, car il a l'impression qu'il ne se passe rien ou pas grand-chose. Mais, comme vous allez le lire, il va vite changer d'avis, car sa séance va chambouler sa vie.

Cher Jean-Jacques Charbonier,
Je voudrais vous faire part de mon expérience de TCH du 25 avril 2019 à Caen. Suite à mon EMI, j'ai été attiré par la physique quantique, la méditation, le bouddhisme et le voyage astral. J'ai cependant rejeté en bloc les religions des livres qui pour moi étaient devenues tellement ridicules et obsolètes ! Par contre, la méditation a été une de mes activités favorites, je ne médite pas comme les moines, mais juste avant de m'endormir en utilisant des sons binauraux, autant vous dire quelle ne fut pas ma surprise de me

retrouver hors de mon corps pendant la nuit ! Quel cadeau, Jean-Jacques, de pouvoir constater que nous sommes bien plus qu'un corps de chair et de sang. Depuis lors, je m'intéresse aux sorties hors du corps et à notre conscience, j'ai lu tous les auteurs connus qui donnent des conseils pour sortir de son corps volontairement. Pour moi, la conscience existe hors de notre cerveau, il ne peut en être autrement.

C'est alors qu'un jour, je regarde une émission sur les EMI et un certain réanimateur anesthésiste nommé Jean-Jacques Charbonier explique que la conscience n'est pas sécrétée par le cerveau comme le foie sécrète la bile. Mon cœur s'est mis à battre la chamade, tiens, tiens, une blouse blanche qui ne pense pas comme 99 % de ses collègues !

J'ai alors dévoré tous vos livres, puis vous avez eu l'idée d'un moyen d'imiter les EMI en tentant l'hypnose. Quelle idée géniale, mais tellement évidente ! L'hypnose permet de communiquer avec la partie de nous-mêmes qui nous fait respirer, battre notre cœur, digérer, etc. J'ai réussi à stopper la clope en une séance d'hypnose, mais j'ai un problème rare, lorsque je suis en hypnose profonde, mon œil gauche s'ouvre. Lorsque les séances ont commencé, impossible de trouver des places, sauf un soir à 20 h 30 à Caen, alors me voilà. Je suis là, à Caen, je vous vois déjeuner, je suis impatient, mais anxieux.

Nous entrons dans la salle et un son binaural me plonge déjà en phase de relaxation. Curieusement, je suis le seul à l'entendre. Nous faisons les présentations et nous nous mettons en cercle en nous tenant les mains. Déjà, à ce moment-là, je ressens des pulsions dans mes mains. On se cale dans nos fauteuils et la séance commence. L'ancrage est immédiat, en revanche, mon œil gauche s'ouvre lorsque je suis sous hypnose, aïe, aïe, aïe, ma CAC me freine dans ma relaxation, zut me suis-je dit, c'est cuit.

J'ai bien visualisé la montée des chakras, arrivé au niveau du haut du crâne je n'ai pas eu la sensation de sortir, et puis mes yeux se sont ouverts.

Voilà, je ne suis pas sorti, comme pendant mes méditations pour sortir de mon corps volontairement, je n'y arrive pas, je tentais de visualiser le banc, le brouillard et faisais avec mes visualisations, je ne ressentais absolument rien, nada, j'étais déçu, vraiment, j'attendais que la séance se passe.

Je pensais à mes enfants et je ne sais pas si c'est moi ou une entité, mais une conversation a commencé, voilà ce que ça disait.

« Mais qu'est-ce que tu fous là ?

— Bah, je veux voir ma famille, c'est comme ça, j'ai payé pour ça en plus.

— Ta famille ? Crois-tu que ce soit utile ?

— Bah oui, vous savez que je veux plus de preuves, je n'arrive pas à me convaincre.

— Tu te moques de nous, là ! Avec tous les signes que nous t'avons donnés, c'est une blague, le plus important c'est ici, maintenant, avec tes enfants, tu devrais être avec eux !

Puis je me suis dit que c'était vraiment dommage de n'avoir rien vécu, et au moment où j'ai lâché l'affaire, j'ai senti qu'on me touchait le bras droit. Mes mains et mes avant-bras devenaient très chauds. Malgré mes yeux ouverts et le bandeau, j'avais comme une lumière blanche devant les yeux et alors... Qu'est-ce qu'il m'arrive ? C'est quoi cette sensation ? Qu'est-ce qui se passe ? Mon Dieu, mais c'est puissant, mon corps se met à trembler, mon cœur bat la chamade, mon ventre se noue, ma gorge se serre et... je pleure. Waouh, quelle force ! C'est trop fort, mais que c'est bon. Je sens alors un vent très froid se déplacer autour de moi, ça ressemble à ce que j'ai ressenti lorsque j'ai accompagné mon père il y cinq ans jusqu'à son dernier souffle. Cela ressemble à une énergie magnétique. On me caresse les mains, je sens des décharges électriques, on me bouge mon bras droit. Mon Dieu, mais c'est magnifique, me disais-je ! Moi qui n'attendais plus rien, moi qui n'ai plus besoin de preuves, on me fait un cadeau.

N'ayant eu aucune vision, je présume que ma conscience était sur Terre dans mon corps physique et en même temps hors de mon corps. J'en déduis que, comme lorsque je fais de la méditation, je quitte mon corps sans m'en rendre compte. Mais je ne m'en veux pas d'être ainsi très attaché à la matière, cela est effrayant de quitter son corps, ceux qui font ces expériences savent bien de quoi je parle.

Je ne saurais dire si ma famille était sur Terre avec moi ou si les câlins spirituels étaient faits dans l'au-delà.

En tout cas, c'était vraiment puissant, j'ai ressenti plusieurs êtres chers ce soir-là.

Puis je suis votre voix qui nous demande de réintégrer notre corps et nous revenons petit à petit à nous. L'émotion était palpable, je demande à ma voisine si elle avait ressenti quelque chose, elle m'a dit qu'elle avait eu froid.

Nous nous remettons en cercle et je sens mes mains extrêmement chaudes, je sens encore des décharges électriques dans les mains de ceux qui m'entourent.

Il m'a fallu du temps pour digérer cette expérience.

Depuis mon voyage, je suis devenu encore plus spirituel, je commence à détester la viande, je m'insurge de ce que font les hommes à la nature, je me demande comment nous en sommes arrivés là, dans ce système capitalo-mondialiste complètement dingue !

Je regarde mes enfants comme des êtres évolués, non pas parce que ce sont mes enfants, mais parce qu'ils sont ceux qui pourront changer les erreurs que nous avons commises. J'essaie de les éveiller à la spiritualité.

Je sais que mon récit n'est pas un poème comme le sont certains, mais ce que je puis dire, c'est que la TCH est un outil efficace, nos expériences ne sont pas des suggestions ou des hallucinations, bien souvent nous ne manquons pas de preuves, mais d'interprétations.

La TCH peut être un éveil à la spiritualité comme nous venons de le voir dans ce récit mais elle peut aussi rendre d'autres services inattendus.

Christine Czarnorki fait une TCH à Troyes le 5 mai 2018 avec le secret espoir de pouvoir retrouver sa sœur partie pour l'autre monde il y a cinq ans. Mais ce n'est pas exactement cette rencontre tant attendue qui a lieu. Voici un extrait de son compte rendu d'expérience :

[…] Concernant mon épaule qui était douloureuse depuis six mois, la veille de la TCH, j'étais allée voir une kiné qui m'avait dit combien mes épaules étaient bloquées et tendues. La droite est douloureuse et enflammée depuis deux mois, mais mobile. La gauche n'est pas douloureuse, mais limitée dans ses amplitudes. Au moment de la TCH, la douleur s'est amplifiée puis a disparu, j'avais l'impression qu'on me l'avait enlevée. Deux jours après la TCH, je revois la kiné qui n'en revient pas, mes épaules sont détendues, je ne ressens plus du tout de douleur à droite, à gauche l'amplitude s'est améliorée, mais n'est pas encore à son maximum.

Le 14 juillet 2018, Catherine Labbé participe à une TCH à Nantes. Elle m'écrit un an plus tard pour me dire à quel point cette séance l'a transformée et réconfortée. Au moment où elle s'inscrit à notre atelier, son moral n'est pas bon. Bien que maman de deux beaux enfants en parfaite santé, elle vient de perdre son troisième bébé à la suite d'une nouvelle grossesse extra-utérine et comme un malheur n'arrive jamais seul, elle vient de recevoir de bien mauvaises nouvelles de l'hôpital : ses derniers prélèvements gynécologiques ont mis en évidence des cellules cancéreuses.

Catherine raconte que lors de sa TCH, elle rencontre l'âme de son enfant décédé ainsi que son arrière-grand-mère qui lui appose les mains sur son ventre tout en lui parlant pour la rassurer. La TCHiste ressent à cet instant précis une forte chaleur à l'endroit où son aïeule la caresse. Celle-ci lui fait comprendre qu'elle n'aura plus de problème de santé.

À la fin de l'été suivant, Catherine attend avec une angoisse bien compréhensible les résultats de sa nouvelle biopsie de contrôle. Elle est vite apaisée, car conformément à ce qui lui a été annoncé, elle n'a plus de problème de santé puisqu'aucune cellule cancéreuse n'a été retrouvée dans son dernier prélèvement. Mais une autre bonne surprise lui est révélée par son gynécologue : le gros kyste qu'elle avait sur son ovaire, et qui était peut-être à l'origine de ses trois grossesses extra-utérines, a totalement disparu. La tumeur était localisée à l'endroit précis où sa défunte arrière-grand-mère lui a prodigué ses soins énergétiques.

Céline Lecomte fait une TCH le 8 septembre 2019 à Lille et dans son compte rendu, elle raconte à quel point cette séance l'a améliorée.

Je voulais tout d'abord vous remercier, car cette expérience a changé ma vie ! Je vivais un moment très difficile et douloureux, avec beaucoup d'interrogations, de doutes, de tristesse et d'injustices. Je n'ai pas expliqué mon expérience devant tout le monde, car j'avais besoin que les choses se remettent en place dans ma tête.

Tout d'abord, j'ai vu mon père décédé et mon arrière-grand-mère, décédée elle aussi. Ils étaient tous deux assis à mes côtés sur un banc. Mon arrière-grand-mère m'explique qu'elle veille sur moi avec mon papa.

Ils me disent qu'ils savent que je souffre, mais que c'est un passage et que je devais vivre des choses difficiles pour m'élever spirituellement. Puis, mon papa me dit qu'il sera présent lors de l'accouchement de ma nièce, qu'il sera là pour la soutenir et pour accueillir le bébé. Il me prévient qu'on va avoir peur, car l'accouchement va être éprouvant, mais que tout ira bien et que je dois le dire à ma nièce.

Je suis rentrée en Belgique le soir de la TCH, au moment où ma nièce commençait à avoir des contractions. Effectivement, l'accouchement fut particulièrement pénible, mais tout a bien fini.

Ensuite, ils ont posé leurs mains sur mon torse. Ils étaient accompagnés par une entité très lumineuse. J'ai vu mes grands-parents, mais eux ne m'ont rien dit. Ils m'ont apporté tellement d'amour que depuis ma TCH, je n'ai plus de crises d'angoisse, la tristesse que je ressentais avant est partie, je me sens vraiment mieux et j'arrive à prendre du recul sur mes problèmes. Mon papa m'a dit de lâcher prise et de profiter de la vie, car elle est belle ! Ils m'ont beaucoup rassurée sur mes problèmes.

Je tiens vraiment à vous remercier, vous m'avez permis de me délester d'un poids qui m'empêchait d'avancer et d'être heureuse. Je reviendrai à Rouen pour ma seconde TCH, j'espère qu'elle sera tout aussi riche en émotions.

Je vous souhaite tout le meilleur !

Virginie Demars fait une TCH le dimanche 30 septembre 2018 à Grenoble. À cette occasion, elle pense recevoir des soins énergétiques. Ceci serait somme toute assez banal, sauf que dans son cas, la personne qui lui prodigue ses soins n'est pas n'importe qui...

[...] Mais maintenant, devant moi : Jésus.

Je bats des paupières virtuellement, non ce n'est pas possible ?! Mais si, Jésus est devant moi, entouré d'une lumière tellement blanche... indescriptible...

Je suis toute petite face à lui et il met sa main au-dessus de ma tête. Je ressens dans mon corps une chaleur immense qui me soigne. J'ai d'énormes problèmes de digestion depuis l'ablation de ma vésicule biliaire, il y a dix ans. Malgré le casque, j'entends mon ventre gargouiller comme jamais et je sais, je sens que ça ira mieux désormais. Je manque beaucoup de confiance en moi, même si mon entourage me rassure tout le temps, je sens qu'avec cette main sur ma tête, ma confiance en moi est là, bien présente, je ne doute plus...

Puis arrive le moment du retour dans notre corps. Il me semble que cela fait à peine dix minutes que je me suis installée dans ce fauteuil et vous nous annoncez que le temps écoulé est d'une heure et quinze minutes...

Je sens mes chakras bouillants, irradiants (beaucoup plus qu'à l'aller), j'ai très, très chaud. Je suis bien.

Le 28 septembre 2019, j'ai eu le plaisir de participer à un colloque international intitulé « Santé, méditation et conscience. Guérison du corps, guérison de l'âme », qui s'est déroulé au Grand Rex de Paris devant 2 500 personnes. Dans ma présentation de 50 minutes, j'ai consacré la moitié de mon temps à parler des surprenantes guérisons obtenues lors de nos ateliers de TCH et j'ai ensuite fait écouter au public certains témoignages enregistrés lors de nos débriefings qui évoquent ces améliorations aussi rapides que spectaculaires.

Ma communication fit écho à celle du Pr Elizabeth Blackburn, prix Nobel de médecine, qui nous exposa ses travaux lui ayant valu cette prestigieuse récompense. Elle nous démontra avec brio les pouvoirs de la méditation sur la santé par l'allongement des télomères. Les télomères constituent un segment spécifique porteur d'ADN non codant situé à l'extrémité des chromosomes. Ils protègent notre capital génétique des agressions comme le ferait un bouclier biochimique. Le vieillissement qui les amenuise rend possible l'émergence de maladies. Ces molécules protectrices raccourcissent avec le temps pour deux raisons. La première est que les cellules, durant leur division, doivent réaliser une copie complète de tous leurs gènes sans pouvoir recopier les extrémités mêmes de l'ADN chromosomique. La seconde est que même lorsque les cellules ne se divisent pas, l'ADN situé au bout des chromosomes peut parfois être endommagé. Il est en réalité très sensible aux atteintes dues à l'oxydation et une partie des télomères va donc se briser et se détacher. Cela se produit de manière assez inévitable et les conséquences sont les suivantes : si une cellule dont les télomères sont trop courts est détectée, elle signale qu'il y a eu un dommage à l'extrémité du chromosome et cela va empêcher les cellules de se répliquer, entraînant une interruption de leur fonctionnement. En aval, cela se traduira par toutes sortes de maladies comme le diabète, les maladies cardiaques et même certains types de démence. Face à ce raccourcissement qui peut se produire rapidement, les cellules ont créé des mécanismes de défense en développant notamment la télomérase, qui reconsolide l'ADN. Or, le Pr Blackburn a pu prouver, dans son étude, que la méditation augmente la taille de ces fameux télomères. La méditation n'étant pas autre chose qu'une connexion à la CIE, on peut en déduire que celle-ci provoque une croissance significative des télomères.

L'importance de la méditation pour notre santé fut aussi soulignée par Martin Aylward, un des principaux enseignants en Europe de la méditation de pleine conscience, et par le philosophe Reza Moghaddassi, qui a réussi à implanter des programmes de méditation à l'école en France.

On se rend bien compte en écoutant tous ces intervenants qu'il y a actuellement une prise de conscience de l'impact délétère de notre CAC sur la santé. Il faut savoir la dompter, la faire taire, pour se connecter aux informations de notre CIE.

Les TCHistes ont souvent des sensations tactiles, thermiques, voire douloureuses au moment de leurs expériences. Ils peuvent avoir l'impression que le siège sur lequel ils sont installés bouge ou est secoué, que des étreintes ou des caresses sont prodiguées, que certaines parties du corps vibrent ou chauffent, qu'un souffle glacial les frôle, qu'une main invisible saisit affectueusement la leur de manière plus ou moins insistante et soutenue. Il serait logique de penser que toutes ces perceptions somesthésiques proviennent de phénomènes imaginaires induits par la transe hypnotique. Dans ce cas, aucun signe clinique observable ne pourrait contredire cette hypothèse hallucinatoire. Sauf que, dans l'expérience qui suit, une sensation très précise survenue en TCH laisse une trace clinique observable et celle-ci est totalement époustouflante !

Rachel Bizien vient faire une séance de TCH le 5 octobre 2019 à Bordeaux accompagnée de son époux (dont nous avons pu découvrir le témoignage précédemment) dans l'espoir secret d'avoir un contact avec sa fille Darlen, décédée dans un accident de voiture en 2017, à l'âge de 25 ans.

Au cours de sa séance, Darlen lui apparaît revêtue d'une robe rose.

La jeune fille semble très joyeuse et fait un signe incompréhensible avec son bras. La maman est de plus en plus intriguée, car elle ressent à cet instant précis une violente douleur à son poignet droit. Cette perception très désagréable cesse dès la fin de son hypnose d'une heure vingt qui lui semble n'avoir duré que dix minutes.

La mère éplorée quitte notre atelier totalement déboussolée par ce qu'elle vient de vivre. Que voulait lui signifier Darlen en lui montrant son bras ? Pourquoi a-t-elle ressenti simultanément cette épouvantable striction au niveau de son poignet droit ? Pourquoi cette perception a-t-elle disparu en fin de séance tout aussi subitement et mystérieusement qu'elle était apparue ? Le lendemain matin, au saut de son lit, une autre surprise attend Rachel : son poignet droit est couvert d'un volumineux hématome qui remonte sur son bras. Le vilain bleu dessine clairement la forme d'un visage : celui d'une jeune fille aux cheveux longs qui a un grain de beauté sous l'œil gauche et des lèvres charnues : le visage de Darlen !

*
* *

Le 12 mars 2018, Karine Wroblewski participe à un atelier de TCH. Durant sa séance, elle s'étonne de voir son conjoint qui est bien vivant. Elle visualise la scène comme si elle flottait au plafond des toilettes de la maison où se trouve son amoureux. Le jeune homme se trouve dans cet endroit, non pour satisfaire un besoin naturel, mais pour une chose précise. Elle devine ses pensées : il projette d'installer un dévidoir à papier toilette, mais ne sait pas à quel endroit exact il doit l'accrocher. Il hésite un peu et finit par se résigner à attendre le retour de sa bien-aimée pour décider avec elle. Mais Karine est tout de même inquiète, elle sait que l'on est censé voir des défunts au cours d'une TCH, alors pourquoi a-t-elle vu l'homme qui partage sa vie ? Lui serait-il arrivé quelque chose de grave pendant l'atelier ? Serait-il mort ?

Dès la fin de son hypnose, elle s'empresse de lui envoyer un texto pour savoir si tout va bien. Sa réponse la rassure aussitôt : ouf, son fiancé est bien vivant et en parfaite santé ! Mais la suite de son texte a de quoi l'époustoufler puisqu'il lui précise avoir effectivement projeté d'installer un dévidoir de papier toilette, mais qu'après quelques hésitations il a préféré l'attendre pour décider de son emplacement. Comment aurait-elle pu imaginer un tel scénario ?

Quand on l'interroge sur cette histoire, voilà ce qu'elle répond :

J'ai été impressionnée d'avoir la confirmation que ce que j'avais vu s'était bien passé en temps réel ! J'ai vu la scène précisément au moment où elle se déroulait, à plus de 200 km de là, sans savoir à l'avance ce que mon conjoint avait prévu de faire ce soir-là. Encore moins se mettre à bricoler en soirée. En le racontant à nouveau, je trouve ça tout simplement incroyable !

Le phénomène de *remote viewing*, ou vision à distance, est bien connu chez les médiums. On a d'ailleurs largement utilisé ces facultés extrasensorielles de manière très sérieuse pendant la guerre froide. Des médiums travaillant pour l'armée américaine ont pu ainsi localiser et donner des informations précieuses sur certaines bases militaires russes.

Depuis ces retours particuliers donnés par certains TCHistes, j'ai pris l'habitude d'en parler lors de ma présentation qui précède l'hypnose : « Vous pouvez être aussi amené à voir des scènes qui se déroulent en temps réel à distance de votre corps. Donc, si un tel phénomène vous arrive, ne paniquez pas, cela ne veut pas dire que la personne que vous voyez est décédée pendant votre atelier, il s'agit plutôt d'un phénomène de vision à distance. »

Le vécu étant beaucoup plus parlant que des affirmations théoriques, en fonction du temps dont je dispose, je leur rapporte un ou deux exemples.

Ma préférence va à l'expérience d'une TCHiste en Suisse qui panique après avoir vu lors de l'hypnose son petit garçon courir dans une grande surface, vêtu d'un manteau jaune et d'un bonnet gris. Elle ne lui connaît pas cette tenue et se demande pourquoi il lui est apparu dans ces circonstances. Veut-on l'alerter d'un quelconque danger ? Inquiète par cette vision, elle essaie en vain de téléphoner à son mari qui est théoriquement resté à la maison pour garder son fils. Il reste injoignable. Affolée, la maman quitte la séance avant le débriefing et rentre chez elle. Son mari, qui arrive en même temps qu'elle, gare sa voiture à côté de la sienne. Le petit passager en descend par la portière arrière. Non, elle ne rêve pas, son fils est bien revêtu d'un manteau jaune et il porte un bonnet gris. Son père lui a acheté cette tenue improbable dans une grande surface pendant que sa maman faisait une séance de TCH !

Ici encore, on voit bien que l'hypnose ne peut être assimilée à la résurgence de souvenirs enfouis de l'inconscient puisque l'information « manteau jaune et bonnet gris » n'existait pas dans le cerveau de la maman.

Il m'arrive aussi de raconter le *remote viewing* vécu par Sophie Billard lors de sa TCH faite à Toulouse le 9 juillet 2018.

Lors de sa descente, avant d'avoir la sensation de réintégrer son corps, Sophie visualise le toit vert d'un bâtiment rectangulaire situé à proximité de notre hôtel. Arrivée chez elle, elle vérifie sa singulière vision sur *Google Earth*. Ce qu'elle constate sur son écran d'ordinateur la sidère : ce toit existe bien, c'est celui de l'hôtel qui se trouve à côté de l'endroit où nous étions ce jour-là. Cette forme et cette couleur de toit ne sont pas visibles quand on ne dispose pas de cette vue aérienne.

Robert Laffont est l'éditeur qui a eu le courage et l'audace de publier pour la première fois en France le livre de Raymond Moody, *La Vie après la vie*, qui est devenu ensuite le best-seller que l'on connaît, vendu à plus de treize millions d'exemplaires dans le monde.

J'ignorais totalement que Robert Laffont avait lui-même vécu une NDE, qu'il avait des perceptions médiumniques et qu'il était passionné par tout ce qui touche au domaine spirituel. J'ai appris tout cela grâce à sa petite-fille, Géraldine Laffont, qui est venue jusqu'à Toulouse pour faire une TCH le 24 novembre 2018. Selon elle, si son grand-père, qu'elle adorait, était encore de ce monde, il aurait été passionné par mon travail et aurait vraisemblablement participé à au moins une séance de TCH. Mais comme il n'est plus là, il a tout simplement envoyé sa petite-fille en organisant une série d'étonnantes synchronicités ; en tout cas, c'est ainsi que Géraldine voit les choses. Son compte rendu de TCH a de quoi surprendre puisqu'en dehors des contacts avec les défunts, cette jeune femme pense avoir été en mesure de voir ce qui se passait en temps réel à plusieurs centaines de kilomètres de l'endroit où elle se trouvait. Voilà ce qu'elle écrit à ce sujet :

[…] Je suis ensuite repartie et je suis allée à Rennes chez un de mes fils et je l'ai vu dans sa cuisine à un endroit précis. Il a pu me confirmer qu'effectivement il était bien à cet endroit-là à l'heure indiquée.

Catherine Hamet visualise son fils lors de sa TCH faite à Paris le 30 septembre 2019, un océan les sépare, et voici pourtant ce qu'elle m'écrit :

[…] Lors de votre suggestion de sortie du corps, j'ai plutôt eu la sensation d'une dissolution de mon corps et je suis devenue une particule dans l'univers.

Je me suis transportée à Montréal et j'ai vu mon fils marcher dans la rue coiffé d'une casquette claire. Je l'ai interrogé pour savoir s'il était sorti de chez lui entre onze heures et douze heures et s'il portait une casquette. Il vient de me confirmer (en PJ échange WhatsApp) qu'il était bien dehors et qu'il avait mis la casquette de son père qui est une casquette Panama (donc claire).

Voici à présent un extrait du témoignage de la TCH de Marie-Pierre Le Bars qui reçoit lors de sa séance des informations précises qu'elle ne pouvait pas connaître et dont elle put, dans un deuxième temps, vérifier l'exactitude.

Devant tous ces récits, comment pourrait-on encore prétendre que les informations reçues en TCH ne seraient pas extraneuronales ? Tout ne serait-il pas plus simple si on acceptait l'hypothèse que je propose de CAC et de CIE ? Si on pense que toutes les indications fournies en état hypnotique sont fabriquées par le cerveau, alors tous ces vécus seraient tout simplement impossibles !

Les faits sont têtus et il y en aura de plus en plus.

[...] Ensuite, progressivement sorti d'une colonne de lumière qui irradie l'endroit, apparaît le visage de ma mère, Sylvie. Celui-ci se dessine peu à peu. Inespéré. Ma mère m'annonce que mon frère et moi avons été sa joie de vivre et sur ce, elle m'invite à un voyage.

Intriguée, je la suis.

Nous sommes arrivées dans la chambre de mon frère Nicolas, âgé de 35 ans, il est mon aîné de deux ans. Je le vois dormir dans la chambre de la maison où il vit actuellement, sur le côté droit, face à la fenêtre et dos à la porte.

Maman sourit et me fait part de sa fierté en me disant que sous le lit il y a un livre noir et que je dois en faire part à mon frère. Puis, maman m'annonce qu'elle leur rend visite toutes les nuits dans leur chambre, pour les embrasser, Marceau, le fils de mon frère âgé de 18 mois, et Joseph, mon dernier, âgé de deux ans et demi.

Ma mère m'annonce ensuite son départ et retourne vers la lumière par manque d'énergie, un peu comme une batterie déchargée.

Suite à cette séance, je reste dubitative, la CAC jouant son rôle à merveille, je me demande si ce n'est pas mon mental qui a construit tous ces messages, mais je sais aussi que je vais pouvoir vérifier quelques points...

Dès le lundi matin, j'appelle mon frère (pas du tout ouvert à la moindre pratique spirituelle et très « terre à terre »). Je lui demande si hier à minuit il dormait dans sa chambre, ce qu'il me valide. Je lui demande également si, dans le lit conjugal, il dort côté fenêtre, dos à la porte, sur son côté droit, et il répond de nouveau par l'affirmative en me confirmant toujours dormir comme cela, mais la précision de mes questions commencent à l'intriguer.

Ensuite, je lui demande si Marceau se réveille à la même heure toutes les nuits ? Il me dit oui, toutes les nuits aux alentours de 3 heures !

Je lui demande enfin s'il y a un livre noir sous leur lit. Il prend un instant pour aller vérifier et me confirme après quelques minutes que le livre noir en question n'est ni plus ni moins que leur album de mariage qui est effectivement sous leur lit !

Pour conclure, j'ai raconté lundi soir à mon mari la séance de TCH de la veille. Il faut préciser que mon mari est ingénieur financier et qu'il reste dubitatif sur tous ces sujets. Je lui annonce que ma mère va embrasser chaque nuit notre petit dernier à 3 heures.

Et que se passa-t-il dans la nuit de lundi à mardi ?
Joseph se réveilla à 3 heures pile !

Marie-Pierre Le Bars,
TCH du 8 septembre 2019 à Lille.

Cette expérience exclut également l'hypothèse de la transmission des informations obtenues en TCH par des phénomènes télépathiques puisque le·frère de Marie-Pierre ignorait qu'il y avait un livre noir sous son lit et qu'il dût vérifier la présence de cet objet parfaitement décrit à cet endroit précis.

*
* *

Si la TCH peut nous donner des informations sur le futur, elle peut tout aussi bien nous relier à notre passé et, pourquoi pas, à des vies passées.

Passionné par l'hypnose et tout ce qui touche au domaine de l'ésotérisme, le célèbre auteur des *Fourmis*[1] est l'un des romanciers les plus lus en France. En Russie et en Corée du Sud, ses livres se vendent à plusieurs millions d'exemplaires. De toute évidence, Bernard Werber ne pouvait manquer de participer à l'un de nos ateliers. Voici ce qu'il nous dit en sortant de sa séance faite le 15 mars 2019 à Fontainebleau :

« J'ai eu la sensation de sortir de mon corps. J'ai vu des défunts qui me sont chers : mon père et deux amis, dont un qui était inattendu. Je me suis vu évoluer dans une vie antérieure, probablement à l'époque de l'Atlantide[2]. »

---

1. Le Livre de Poche, 1997.
2. L'histoire de l'Atlantide puise son origine dans des textes de Platon (IVe siècle av. J.-C.). D'après Solon,

L'Atlantide est aussi évoquée dans le témoignage de Marie-Pierre Cotard, qui a fait une TCH à Caen le 23 mars 2019. Ce passage étonnant est le point de départ d'une série de visualisations de vies antérieures plus ou moins dramatiques.

Je me retrouve dans la brume. Quand elle se dissipe, je distingue des paysages inconnus. Je suis très légère, je n'entends plus vos consignes, je vole au-dessus d'une lande, j'y aperçois deux enfants. Vitesse éclair, le temps défile. Je me retrouve au bord de la mer. Un dauphin et une baleine m'attendent. Sans hésiter, je plonge dans l'océan, je les laisse m'emmener dans les abysses de l'océan. Je suis conduite dans une cité. Il y a des gens, j'y ressens de la joie et de l'amour, des couleurs chatoyantes et des parfums de fleurs. Des oiseaux inconnus chantent. Les gens communiquent par télépathie. J'arrive dans des grottes aménagées en salle de conseil. De grands sages sont là, sur leurs trônes. Il y a beaucoup de minéraux vert émeraude, rouge rubis et cristal de roche. Il n'y a pas de femmes. Il s'agit des Atlantes.

Je repars, remonte le temps. Je vois un jeune couple de fiancés. Ils marchent dans la rue en se tenant par la main. Ils portent des toges blanches et des sandales.

Ils sont remplis d'amour. Je ressens que j'ai été cet homme. L'atmosphère est particulièrement humide et il fait très chaud. C'est vraiment désagréable. J'entends au loin des grondements et il pleut une sorte de poussière. La population bascule dans l'affolement. C'est le volcan qui se réveille et nous comprenons que la mort

législateur et poète athénien (VIᵉ siècle av. J.-C.), les soldats atlantes seraient venus du fond de la mer Atlantique 9 000 ans avant son époque.

est à nos trousses. Dans un dernier regard, nous nous promettons de nous retrouver à chaque vie. Un lien éternel d'amour se met en place à ce moment précis. Puis tout devient sombre. J'entends une présence qui me dit que cette personne est toujours à mes côtés, dans cette vie-ci, et qu'il s'agissait de Pompéi.

Le voyage redémarre, je distingue au loin des pyramides qui me paraissent plutôt mayas, et je me pose dans une rue pavée. Tableau du Moyen Âge. On me montre un lépreux qui souffre terriblement. Il est dans un état de putréfaction, les bandages sales et défaits, dans un isolement total. Je sens la mort sur lui.

Je repars à nouveau et arrive dans un lieu sombre, un tour d'horizon, un bébé est allongé nu sur le dos, sur une pierre, et pleure à pleins poumons. Une femme au-dessus de sa tête. Je sens sa vibration comme si j'étais liée à cette femme. Elle tient un poignard. J'entends le mot sacrifice. La femme a une cape noire, son visage est couvert par une capuche. Il s'agit d'une messe noire. Je suis effrayée par cette vision et j'ai trop envie de partir. Mais je regarde cette scène sans jugement. Elle appartient au passé. Il s'agit d'expérience et d'apprentissage. Rien n'est grave, tout est juste…

Laurence Moulin qui fait sa TCH en mai 2019 à Poitiers est visiblement confrontée à une vie antérieure lors de son hypnose. Le récit qu'elle m'écrit est suffisamment précis et détaillé pour ne pas comprendre qu'il est tiré d'une scène réellement vécue.

[…] Me voilà projetée dans la première scène. Peut-être la mémoire d'une vie antérieure ?

J'arrive dans un jardin. C'est l'été. Des enfants jouent, des petites filles, genre petites filles modèles. Des jolies robes blanches ou claires, des cheveux longs, des rubans, des sourires, des rires, de la légèreté, l'insouciance de l'enfance. Je vois des arbres, des balançoires à l'ancienne avec des cordes et des planches. C'est accueillant, cela m'invite au jeu. Nous avons peut-être cinq ou sept ans. Que des petites filles.

Puis, la scène bascule brutalement. Par la droite arrivent des hommes, un groupe sur deux rangées, de quatre à six hommes environ. Ils sont en uniforme foncé, bleu marine. Et surtout, ils ont chacun un long fusil en joue, à l'horizontale, pointé chacun sur une enfant. Ils tirent. Elles tombent, mortes. Tous ces corps habillés de blancs, immobiles sur la terre du jardin.

Je suis stupéfaite je cours, je vais vers la bâtisse, une grande maison de style colonial, je me cache sous quelque chose qui pourrait être un escalier, ou un cagibi, je cherche à me glisser comme dans un trou de souris (sentiment que j'ai souvent ressenti dans ma vie incarnée). Je suis recroquevillée, accroupie, la tête entre mes jambes et les mains sur les oreilles. Totalement terrorisée. J'entends des pas, j'ai peur qu'ils me retrouvent pour me tuer aussi. Puis le silence, puis l'attente longue de la délivrance, puis la peur de rester là, seule, oubliée.

Une présence féminine arrive et m'entraîne, et me voilà projetée directement dans une nouvelle scène.

Je vois un alignement de berceaux, dans une maternité, des bébés qui viennent de naître, qui sont dans des berceaux en verre.

Ma CAC me dit : « Dis donc, ça commence fort, je ne m'attendais pas à démarrer ma séance par une tuerie. Et puis c'est quoi le rapport entre ces deux scènes ? Que veut-on me dire ? »

Il y a de bonnes raisons de penser que Laurence a revécu lors de sa TCH les circonstances de sa mort dans une vie antérieure. Elle était alors une petite fille d'environ six ans qui jouait avec d'autres enfants de son âge lorsque des militaires en uniforme bleu marine sont venus les exécuter sauvagement. Bien qu'elle soit parvenue à échapper au massacre en se cachant, elle a sans doute été finalement retrouvée et tuée pour être dans un deuxième temps incarnée en un nouveau-né dans une maternité.

Dans le compte rendu suivant, le TCHiste pense également avoir été projeté dans une vie antérieure au moment crucial de son décès. Il situe la scène au Moyen Âge et se retrouve dans le corps d'une personne de sexe opposé.

[...] Je me suis alors retrouvé au cœur d'une séquence comme dans un film dont je suis le spectateur unique. Je me suis mis à trembler momentanément et une douleur s'est installée dans mes avant-bras. Et là, le film s'est déroulé : la vision d'une vie antérieure. Vision plutôt violente, puisque je me voyais allongée au sol, agonisante (je l'ai ressenti comme ça). La scène se passe dans une maison ancienne, cela ressemblait à une ferme, mais pas une ferme comme on peut en voir dans la région, plutôt du style en bois et torchis avec un sol en terre battue. Il faisait assez sombre, la pièce ressemblait à une cuisine avec une vieille table en bois usé et des plats en terre cassés dessus ainsi que sur le sol. Plutôt une ambiance du Moyen Âge, je dirais. Cela peut paraître bizarre et déroutant à la fois, mais j'étais une femme. Je ressentais être cette femme. Extrêmement déroutant ! Sur mon transat, j'avais mal aux avant-bras, comme si je m'étais défendue contre une agression. Puis une silhouette masculine partait en courant vers la porte de la pièce. Je voyais le corps astral de cette femme sortir de son corps, mais

sans corde d'argent pour le ramener. Et là, une évidence a envahi mon esprit, cette femme qui venait de succomber à cette violence, c'était moi, je venais de mourir ! Cela m'a complètement fait perdre le fil et je suis redescendu très vite en entendant de nouveau votre voix, je vous ai suivi, pour progressivement retrouver les sensations de mon corps engourdi et les avant-bras tétanisés sur le transat.

J'ai mis un peu plus d'un mois à vous envoyer ce mail, car j'hésitais à faire part de cette étonnante expérience et partie de vie antérieure, qui m'a particulièrement secoué, et dont j'ai volontairement omis certains détails, car ils entrent uniquement dans le cadre de l'hypnothérapie que j'ai entreprise depuis, qui me permettent de comprendre certains aspects de ma personnalité et de ma vie présente.

Laurent Chaumet,
TCH du 12 mars 2018 à Toulouse.

Yannick Joseph Ratineau pense aussi avoir visité une de ses vies antérieures lors de sa TCH à Lyon le 27 avril 2019. Durant son hypnose, il est projeté dans un endroit qu'il connaît pour l'avoir visité : le Temple de l'Amour dans le parc du Petit Trianon du château de Versailles. Jusque-là, rien de bien surprenant puisque, ayant déjà fréquenté ce lieu, il pourrait s'agir d'un simple rappel de sa conscience sur un souvenir enfoui. Un seul problème pourtant, pendant sa transe hypnotique, il n'est plus Yannick Joseph puisqu'il se retrouve dans le corps d'une femme à l'époque de Marie-Antoinette ! Sa grand-mère défunte l'accompagne dans ce lieu qui était le domaine privé de la reine, elle lui lâche la main et lui dit avec une joie non dissimulée : « Va, elle t'attend ! » Au fur et à mesure que Yannick Joseph s'approche du château, son corps change. Il se retourne et voit son ancienne enveloppe de chair sur le fauteuil rouge. Il avance encore et c'est celui d'une parfaite courtisane qui le représente, le corps de Marie-Thérèse-Louise de Savoie-Carignan, princesse de Lamballe. Cette révélation lui avait déjà été faite lors d'une séance de spiritisme, mais là, il en a la confirmation physique si l'on peut dire. Il vit en direct la métamorphose. Il connaît parfaitement l'histoire. Jusqu'aux derniers moments de sa vie, la princesse de Lamballe est restée fidèle à Marie-Antoinette, c'est la seule véritable amie qui ne l'a jamais reniée ; elle refusa de fuir à l'étranger comme les autres dames de la Cour pour affronter avec elle la Révolution meurtrière qui finira par exhiber sa tête décapitée sur une pique. Elle a été décapitée place de la Concorde (place de la Révolution à l'époque).

Voilà que Yannick Joseph passe devant un manège style chinois qui n'existe plus, il est cette femme qu'il peut très bien nous décrire, en robe de cour, une haute coiffure décorée de rubans, piquée de fleurs de lilas et de roses, il ressent la pression du corset contre son ventre, le poids de sa robe. Il ou plutôt elle s'avance encore. Marie-Antoinette est là. Elle l'attend et lui dit : « Mon cher cœur ! » Les deux femmes s'étreignent. La princesse de Lamballe se souvient alors parfaitement du regard bleu acier de son amie de toujours, de son odeur, de son parfum de jasmin et d'orange. Elle retrouve la finesse de ses mains et la douceur de ses caresses. La reine lui dit encore : « Tu te souviens combien notre amitié a suscité de jalousie, de haine, de rumeurs infondées. Tu vois, ils pensaient nous avoir tuées, anéanties, et nous sommes toujours là, et nous progressons, et c'est toute la beauté de la chose. Les pires injustices sont ici réparées. J'ai appris à pardonner à mes bourreaux. Vois-tu, mon cher cœur, tout est juste. L'amour est un lien qui ne se délite jamais. Je suis là, chaque jour, je t'observe, te soutiens, t'entoure de mon amour le plus entier. »

Lors de sa TCH vécue à Caen le 22 mars 2019, Nicolas Salaün raconte avoir été projeté lui aussi dans une vie antérieure qui se situerait au moment de la Seconde Guerre mondiale. À cette époque, il est fou amoureux d'une femme qu'il ne doute pas de retrouver après avoir embarqué sur un bateau militaire à Bordeaux pour remonter les côtes françaises avant d'envisager la traversée de la Manche. Le voyage devait *a priori* se faire sans aucun problème. Mais hélas, rien ne se passe comme prévu. Sans connaître les circonstances précises de sa disparition en mer, son décès inattendu lui fait perdre l'amour de sa vie et peut-être même l'amour unique de toutes ses vies. Nicolas sait désormais pourquoi il a en lui et pour toujours cette sorte de nostalgie qui lui mord le cœur quand il s'agit d'évoquer des histoires d'amour profond entre un homme et une femme.

C'est également une histoire de disparition en mer vécue dans une vie antérieure qui est révélée dans la TCH d'Éric Scherer. Au cours de son hypnose, il se retrouve nageant près d'un gros bateau au milieu de l'océan. Il ressent les impacts des boulets de canon tirés dans sa direction. L'un d'entre eux finira par le tuer. Du moins, c'est ce que l'on devine en lisant son récit. Le TCHiste comprend désormais pourquoi il ressent cette angoisse si particulière dès qu'il est dans un port ou à proximité de gros bateaux. Sa TCH lui a donné les clés de sa phobie.

Une régression dans une vie antérieure vécue lors de sa séance de TCH à Lyon le 27 avril 2019 a permis à Alizée Bellier de comprendre sa phobie des péridurales.

[...] Puis d'un coup, j'atterris dans le désert ! Je suis un homme et on me pousse dans le dos. Je tombe d'un chameau ou d'un éléphant, je ne sais plus. J'ai soudain une drôle de sensation dans le dos, presque une douleur. Et on me dit que c'est pour ça que j'ai aussi peur de la péridurale et que je l'ai même refusée pour mon deuxième enfant. Je comprends alors que c'est une vie antérieure.

Je laisse à l'auteur de ce témoignage la liberté de son interprétation.

*
* *

Aurélie est professeure de mathématiques au collège, on peut donc en conclure, et elle le souligne elle-même dans son courrier, qu'il s'agit d'une personne rationnelle, avide de preuves et de démonstrations. Cela ne l'empêche pas de développer une véritable passion pour tout ce qui touche au domaine de l'ésotérisme et de l'inexpliqué. Sa TCH est assez originale, car elle pense que sa séance lui a donné l'occasion d'être mise en contact avec une personnalité que l'on pourrait assimiler à un extraterrestre puisqu'elle parle d'un être « différent, mais pas humain ».

[...] À un moment donné, j'ai vu un bébé perdu en fausse couche en tout début de grossesse alors que

j'étais jeune adulte, cela ne m'avait pas trop perturbée à l'époque, car ce n'était pas voulu, j'étais jeune et ce fut un accident, je n'y pense jamais, mais cet enfant, ici dans l'invisible, m'a dit « merci de m'avoir entraîné à l'incarnation ».

Puis, sur un autre plan, c'est le moment qui m'a le plus marqué, j'ai eu un contact avec un être différent (pas humain) bleu, très longiligne avec un regard doux et bienveillant, je pouvais sentir toute l'intelligence de cet être, une intelligence de vie, du cœur, une profondeur... un être plein de connaissances, un être, je dirais, beaucoup plus évolué, très pur, sans mauvaise intention, pas de mal, que de l'amour. C'était très beau, touchant... J'ai eu une forte connexion avec cet être, une connexion lumineuse, comme des tuyaux de lumière me reliant à lui par le troisième œil, le chakra du cœur et surtout dans les mains. Une énergie que j'ai reçue sous forme de « vagues ». Depuis la TCH, cet être me rend souvent visite pendant mon cours de yoga notamment, lorsque je suis en méditation, je sens que c'est un nouveau guide, un nouvel allié et qu'il me transmet beaucoup de choses sans que je sache ce que c'est vraiment.

Je remercie les êtres qui sont venus me rendre visite lors de cette TCH et l'Univers, la Vie, de me faire vivre ces moments si riches. Vous pouvez partager mon témoignage en entier ou en partie que vous jugerez utile de transmettre. Je vous demande juste, s'il vous plaît, de ne pas communiquer mon nom de famille, par rapport à ma profession je préfère garder l'anonymat. Certaines personnes n'étant pas encore prêtes, cela pourrait leur faire peur que je m'occupe de leurs enfants (d'autant que j'exerce dans un établissement privé). Et je n'ai pas envie ni la force de rentrer dans ces luttes, ces explications ou justifications à fournir.

Je salue d'ailleurs votre détermination à lutter contre vos détracteurs.

Aurélie,
TCH du 23 mars 2019 à Caen.

Serions-nous seuls dans l'infini de notre univers ? Si on pense que non, est-ce que des intelligences extraterrestres pourraient entrer en communication avec nous ? Et dans ce cas, est-ce que la TCH pourrait devenir un des moyens d'établir un contact avec eux ?

Je n'ai pas la prétention de pouvoir répondre à ces trois questions, mais cela ne m'empêche pas de les poser.

Un des plus illustres mathématiciens de ce dernier siècle, Stephen Hawking, décédé le 14 mars 2018, avait un raisonnement logique et rationnel au sujet de l'éventuelle existence d'ET[1]. Il pensait que vu la taille supposée de l'univers, il est très improbable qu'il n'existe pas quelque part des êtres vivants au moins aussi intelligents que nous.

Il est vrai que penser que les ET n'existent pas en raison d'une absence de contact avec l'humanité est un raisonnement tout à fait réducteur, cela pourrait tout aussi bien correspondre à un manque total d'attrait pour notre négligeable existence. Quel intérêt pourrait avoir une population beaucoup plus évoluée que la nôtre à entretenir une relation avec le genre humain ? Une tentative d'alliance ne serait-elle pas au contraire une source de tracas compte tenu de notre niveau de compréhension très médiocre des choses ? Nous sommes si ignorants que nous ne sommes même pas capables de savoir

---

1. Extraterrestre.

comment notre propre cerveau fonctionne ! Nous passons notre temps à nous détruire et à détruire la seule planète sur laquelle nous vivons en épuisant toutes nos ressources énergétiques sans aucun respect pour l'environnement ; ce n'est pas très intelligent ! Et pour couronner le tout, nous sommes si vaniteux que nous pensons être les seuls êtres vivants de tout l'univers ! Qui aurait envie de fréquenter de tels imbéciles ?

Ce sentiment de désintérêt des ET pour les habitants de notre pauvre planète est exactement ce qu'a vécu Alain Piton lors de sa TCH du 1er février 2019 à Toulouse. Alors qu'il flotte au milieu des étoiles, il croise des extraterrestres qui s'affairent à assembler des structures blanches et presque transparentes tandis qu'une lumière froide et bleutée se répand derrière eux. Alain est au milieu de cette foule d'individus d'un autre monde qui s'activent comme des fourmis. Il a le sentiment désagréable qu'ils se moquent royalement de sa présence puisqu'ils poursuivent leurs occupations comme s'il n'était pas là. Dans son compte rendu d'expérience, Alain Piton raconte que s'instaure alors entre l'un d'entre eux et lui un surprenant dialogue télépathique.

« Bonjour, je suis en train de faire une TCH, mais puisque vous êtes là, pouvez-vous me dire si votre technologie pourrait faire cesser toutes les violences des Terriens ?

— Non !

— Votre technologie pourrait-elle faire cesser toutes les guerres ?

— Oui !

— Merci, bonne continuation, je dois partir, j'entends la voix du docteur qui nous rappelle… »

L'extraterrestre sourit à Alain tout en continuant à travailler sur sa structure comme s'il venait de répondre aux deux questions naïves d'un gamin de cinq ans.

En 2015, Stephen Hawking a participé au lancement de *Beakthrough Initiatives* (www.breaktroughinitiatives.org), un programme d'exploration scientifique et technologique qui doit durer au moins dix ans. Il consiste à rechercher l'existence de vies extraterrestres en ondes radio et à effectuer des heures d'observation avec les radiotélescopes les plus performants tout en envoyant des messages pour signaler notre présence sur Terre. Tout ceci bien évidemment grâce à un budget conséquent. C'est aujourd'hui le plus grand programme mis en place pour ce genre d'investigations. À ce propos, Stephen Hawking déclarait : « Si on capte un jour des réponses aux messages envoyés par ce programme, j'espère que notre civilisation aura eu le temps d'évoluer un peu. Rencontrer une civilisation plus avancée que la nôtre nous mettrait dans la position peu enviable des Indiens d'Amérique vis-à-vis de Christophe Colomb[1]. »

Autre possibilité – et elle n'est pas négligeable : les ET seraient peut-être déjà parmi nous pour nous étudier sans que nous puissions nous en apercevoir.

Christel Fayard Couturier a une révélation lors de sa TCH de Lyon le 26 avril 2019 : elle visite une autre planète et pense qu'elle vient de là-bas. Christel se sent chez elle sur cet astre situé derrière le Soleil. Les bâtiments sont extrêmement modernes, translucides et complètement intégrés dans une nature généreuse et luxuriante. Elle est invitée à s'y rendre

---

1. Hawking S., *Brèves réponses aux grandes questions*, éd. Odile Jacob, 2019.

en méditation ou en dormant afin de s'y recharger et de nettoyer ce qu'elle vit dans son choix d'incarnation terrestre.

Il y aurait également une hypothèse différente à envisager : les extraterrestres, jugeant nos comportements dangereux pour l'équilibre de l'univers, nous contacteraient régulièrement à notre insu pour nous transmettre divers messages d'alerte.

Mélanie Hamann participe à une séance de TCH à Saint-Hippolyte le 16 juillet 2018. Lors de cet atelier, deux autres participants nous parlent, lors du débriefing, de la présence d'ET. Ils nous les décrivent de la même façon : des êtres humanoïdes, grands et minces, une tête allongée au crâne volumineux avec de très grands yeux noirs, une toute petite bouche et pas d'oreille. Leur peau ressemble à de la chair de poisson précise un des deux TCHistes. « Oui, c'est ça : c'est gris, lisse et brillant », acquiesce l'autre. Ces personnages longilignes envoient les mêmes messages télépathiques aux deux élus : « Prenez soin de la Terre, vous êtes en train de la détruire ! »

[…] Je me sens sur une autre planète. Les images ont la couleur inversée des négatifs. Et partout une luminosité phosphorescente, bleue, verte… Il n'y a personne, j'appelle. Je me dis zut, ça ne marche pas ! Puis dans la brume arrive un groupe de silhouettes timides. Je suis très étonnée, je ne m'attendais pas à voir ce type de personnage ! Peu à peu, les corps se précisent. Des êtres fins, gris. Quand je vois leur visage, clairement, ils ne sont pas terrestres ! Les fameux gros yeux noirs, je ne vois pas de bouche ni d'oreille… Visiblement, ils semblent aussi étonnés de me voir. Je ne reçois pas de

Et pourquoi pas des ET bienveillants qui seraient en mesure de nous délivrer des soins énergétiques en période de sommeil, de méditation ou au cours d'une TCH ?

C'est ce que pense Gérard Rouyer, qui a connu une EMI lors d'une électrocution. Celle-ci lui a laissé quelques séquelles : un périmètre de marche réduit et une diminution significative de son acuité visuelle. Durant sa TCH du 23 mars 2019, l'expérienceur s'approche d'une planète qu'il ne connaît pas et arrive au milieu d'êtres habillés tout en blanc. Gérard ne distingue pas leurs visages. Ces sortes de soignants portent des tuniques blanches, sont très accueillants et rayonnent d'un amour qu'il ressent profondément. Il raconte être dans un autre monde. Apparaît ensuite au loin une entité lumineuse qui ne cesse de grandir en se rapprochant. Une sensation d'amour l'envahit. C'est très fort, le rayonnement est de plus en plus puissant. Des larmes coulent le long des joues de Gérard et il ressent un bonheur intérieur très puissant.

Au moment du retour à un état de conscience normal, le corps de l'ancien électrocuté se met à trembler pendant plusieurs minutes comme le jour de son accident. Les impressionnants spasmes musculaires de sa transe hypnotique évoquent une crise comitiale généralisée[1] et font vibrer le fauteuil rouge sur lequel il est installé.

Ensuite, tout rentre rapidement dans l'ordre et le TCHiste se sent en pleine forme. Voici la fin de son long courrier :

---

1. Succession de spasmes musculaires se produisant dans tout le corps.

Le lendemain de cette merveilleuse expérience, je suis allé à la pêche à pied lors de la marée basse. Je n'ai pas fait trop attention à la distance parcourue, mais j'étais assez loin du bord, environ un kilomètre et demi, alors que depuis mon accident en 2004, mon rayon d'action ne me permettait pas un grand déplacement sans cannes. J'ai donc fait ce jour-là trois kilomètres (aller et retour) sans problème. Expérience que j'ai renouvelée depuis sur de plus grandes distances.

Suite à un accident d'électrocution, j'ai fait deux accidents vasculaires : une thrombose veineuse et une hémorragie intravitréenne. Or, je m'aperçois que ma vue s'est beaucoup améliorée depuis ma TCH.

Voilà tous les aspects positifs de ce merveilleux voyage que vous m'avez permis de faire, un grand merci à vous et votre équipe, je suis prêt à recommencer.

On ne présente plus Agnès Stevenin. Elle est l'auteur de deux magnifiques best-sellers, *De la douleur à la douceur*[1] et plus récemment *Splendeur des âmes blessées*[2]. Dans sa TCH, elle rencontre non seulement tous les défunts qui lui sont proches, mais aussi des extraterrestres.

La psychoénergéticienne les identifie comme étant de la planète Sirius.

Sirius est située à plus de huit années-lumière de la Terre. C'est l'étoile la plus brillante du ciel nocturne et elle est visible de n'importe quel point de la planète. Pour certains chercheurs comme le Dr Michael Salla, Alex Collier ou encore Simon

1. Mama éditions, 2014.
2. Mama éditions, 2018.

Parkes, il n'est pas exclu que cette planète soit habitée par des « siriens ».

Voici l'extrait de son compte rendu où elle évoque les ET.

[...] J'ai eu beaucoup de messages très riches.

Je suis heureuse de constater que tous les gens décédés qui me sont proches et qui me sont chers sont venus. Cela s'est fait dans la joie et dans une paix absolue.

C'était infiniment calme et très précieux.

J'ai aussi vu des gens que je connais depuis longtemps. Il m'a été dit que ce sont des gens de Sirius. Ils ont des corps très longs, très déliés, très lumineux et très brillants.

Ils sont venus tout de suite.

Derrière ce rayonnement, j'ai vu leurs corps qui sont faits d'une sorte de matière comme la nôtre. Les gens d'outre-Terre ont des apparences qui font un peu peur, mais là ce n'était pas le cas. J'étais très heureuse, car malgré le fait qu'ils se présentent de cette façon, je voyais toute leur intelligence, leur douceur, leur puissance.

Je suis très heureuse de les avoir connus lors de cette expérience de TCH.

Merci est un faible mot pour tout ce que vous faites.

*
* *

La TCH est un puissant moyen pour se convertir à la réalité de l'au-delà. Cela peut se produire à l'issue d'une seule séance. Cette expérience directe sera beaucoup plus probante et efficace que celle d'une consultation médiumnique. Bien qu'un bon médium soit en capacité de donner des signes de reconnaissance précis d'un défunt, le consultant aura toujours un petit doute sur la façon dont ces renseignements sont obtenus. Cette incertitude s'envole quand des messages personnels parviennent sans intermédiaire à la personne concernée.

Le mari de la TCHiste qui m'écrit ce compte rendu ne devait pas venir. L'Univers en a décidé tout autrement. Une cousine, qui ne se sentait pas prête à vivre l'atelier, se désiste au dernier moment. Alors, autant ne pas perdre son billet et faire cette TCH à sa place par simple curiosité, pour voir comment ça se passe et avoir ainsi une belle occasion de se moquer de toute cette mise en scène. Pour ce monsieur, aucune crainte, ces ateliers de TCH sont – selon ses propres mots – des « conneries », et il pourra ainsi prouver à sa femme qu'il faut être bien naïf pour croire à toutes ses « sornettes ».

Seulement voilà, les choses ne se passent pas tout à fait comme prévu. Alors que Madame fait une expérience moyennement impressionnante (elle s'est quand même sentie en lévitation à l'horizontale au-dessus de son corps avec l'impression qu'on lui touchait l'avant-bras droit à trois reprises), Monsieur fait une expérience exceptionnelle dont il a aujourd'hui bien du mal à se remettre. Totalement bluffé, alors qu'il était athée, il croit désormais à la réalité d'un au-delà. Voici le mail adressé par l'épouse de celui qui est désormais convaincu de l'existence d'un monde parallèle.

Bonjour Docteur,
Tout d'abord, je tenais à vous remercier pour vos travaux et vos recherches qui contribuent à l'ouverture des esprits et qui permettent aux personnes endeuillées d'apaiser leur douleur.

J'ai perdu ma mère le 9 septembre 2017, emportée par une méningite carcinomateuse consécutive à un cancer du sein. Elle est partie en l'espace de cinq semaines à l'âge de 60 ans. Vos livres et vos recherches, pour moi qui veux toujours comprendre les choses, même celles qui nous dépassent, m'ont été d'un grand secours tant dans ma tristesse que dans ma spiritualité. Vous m'avez rendu l'espoir et ouvert l'esprit.

Ma TCH n'a pas été fructueuse. J'ai été complètement hypnotisée, mais je n'ai pas pu entrer en contact avec mes défunts. J'ai juste été aspirée par l'abdomen au moment de la suggestion du palier de l'amour inconditionnel et je me suis sentie en lévitation à l'horizontale au-dessus de mon corps. Au moment du retour, « on » m'a tapoté trois fois sur l'avant-bras droit. C'est tout, mais déjà tellement…

Si je vous écris aujourd'hui, c'est pour vous parler de l'expérience de mon mari, celui qui a émis un ronflement monumental et qui vous a dit qu'il avait surtout très bien dormi.

Normalement, il ne devait pas venir. Il a remplacé ma cousine qui n'était pas prête à vivre cette expérience et pour ne rien vous cacher, il est venu pour que nous ne perdions pas la place. Il avait aussi le secret espoir de me prouver par A + B que « tout ça, ce sont des conneries » et que j'étais bien naïve de croire à toutes ces sornettes. Il connaissait juste de vos ouvrages ce qu'il m'avait laissé lui raconter les jours où il était de bonne humeur.

Au moment de l'égrégore pour protéger le groupe, il tenait la main d'Étienne Dupont et a ressenti comme de l'électricité qui passait.

Une fois installé, il est très vite entré en état hypnotique, il est parti directement sans entendre les suggestions. Au début, il a vu une multitude de visages qui défilaient devant lui, mais sans les reconnaître, car cela allait très vite. Durant tout le temps de l'hypnose qui lui a semblé durer quinze minutes alors qu'il s'est écoulé une heure vingt, il a senti les mains très douces d'une femme qui tenait les siennes. Cela lui a fait ressentir un amour très puissant qui le déstabilise encore aujourd'hui. Il a survolé la ville de notre enfance et un parc dans lequel il a vu des enfants jouer. Il a également vu le chien de sa maman qu'il n'attendait absolument pas. Ce chien avait eu la maladie de Carré, mais là il était en pleine forme et joyeux. Puis au moment de la descente, juste avant de réintégrer son corps, il s'est trouvé juste au-dessus des corps de ma sœur et moi et une jeune femme lui est apparue. Elle me ressemblait, plutôt typée Italienne avec de longs cheveux bouclés, mais était aussi fluette que ma sœur. Par télépathie, elle a dit à mon mari, en nous désignant ma sœur et moi : « Tu leur diras que ce sont mes sœurs. » Elle était visiblement heureuse, mais il a ressenti sa tristesse immense de ne pas nous avoir connues. Puis mon mari a réintégré son corps, mais dans une agitation intense. Il a tourbillonné à une vitesse folle, à tel point qu'il a cru vomir et même mourir. Il n'avait pas envie de revenir. Il est revenu et puis plus rien, le malaise avait totalement disparu.

Il faut savoir qu'il a oublié de nombreuses choses. Il avait zappé Roxy le chien depuis belle lurette. Et il aurait surtout fallu qu'il sache que ma propre mère avait bien perdu un enfant au quatrième mois de grossesse entre la naissance de ma sœur et celle de mon frère (je suis l'aînée).

Pour ma part, je n'en attendais pas tant, mais pour lui, il y a un avant et un après la TCH. Il ne s'en remet pas. Je suis tellement heureuse qu'il ait vécu cette expérience à ma place. Au moins, maintenant, je suis sûre que ce n'est pas notre inconscient

*qui nous joue des tours. Il n'attendait stricte-
ment rien et pourtant, voyez son expérience ! Nous
sommes bluffés, tous autant que nous sommes. Il
est athée et pense qu'il n'y a rien après. Ou plutôt il
le pensait...*

*Il consulte maintenant un hypnothérapeute pour
essayer de retrouver ses souvenirs perdus pendant la
séance.*

*J'étais venue pour savoir si ma mère allait bien et
je m'inquiétais, car j'avais peur qu'elle se sente seule,
qu'on lui manque. Il faut dire que nous étions son
univers. Sa famille était son tout. Ne croyez-vous pas
que je l'ai eue, ma réponse ? Mon père a été bouleversé
d'apprendre tout cela. J'en suis encore tout émue. Une
sœur qui nous attend ailleurs et qui prend soin de ma
mère. Que demander de plus ?*

*Merci, Docteur, et à très bientôt, car c'est sûr, nous
reviendrons.*

Mary Guilbert

La TCH n'est pas faite pour démontrer ou pour
prouver quoi que ce soit. Elle est un outil, un moyen
d'exploration de notre propre conscience qui semble
de toute évidence être beaucoup plus performante
qu'on ne l'imaginait. Mais c'est aussi et avant tout
une expérience humaine qui, comme la foi, n'a nul
besoin de démonstration scientifique.

M. Guilbert pense désormais qu'il y a une vie
après la mort et que l'au-delà existe alors qu'il faut
bien reconnaître en toute impartialité qu'il n'en a eu
aucune preuve objective durant sa TCH ; c'est simplement son propre vécu qui lui a donné l'occasion
de changer totalement d'avis sur ces questions spé-
cifiques.

Il a ouvert son cœur à d'autres possibles.

Il en va de la TCH comme de tous les autres messages envoyés de l'au-delà. Il y a des gens qui disent ne recevoir aucun signe de survivance de leurs défunts. Tant qu'ils n'ouvriront pas leur cœur à cette possibilité, ils n'en recevront aucun et continueront à se plaindre.

M. Guilbert a ouvert son cœur lors de notre séance. Il a eu des ressentis particuliers : de l'électricité lors de notre égrégore de prières et un sentiment d'amour très puissant quand une main invisible est venue dans la sienne au cours de sa transe hypnotique.

Oui, s'il fallait résumer l'objectif principal de la TCH à une seule phrase, ce serait bien celle-là que je choisirais : offrir la liberté d'ouvrir son cœur à d'autres possibles.

Toutes les personnes qui ont su le faire ont réussi leur séance.

Pierre Baillot d'Estivaux fait une TCH à Nice le 24 février 2019. En préambule du long compte rendu d'expérience qu'il m'adresse, il écrit : *Étant ingénieur, donc scientifique tout comme vous, vous comprendrez aisément – je pense – combien je peux trouver aussi difficile qu'incroyable d'avoir la chance de remettre en question quarante-cinq ans de conditionnement.*

Comme dans le cas précédent, on peut dire qu'un certain scepticisme sur la TCH l'animait au moment où il s'inscrit à sa séance. Il conclut toutefois son long récit d'une très belle façon :

Vous l'aurez constaté, j'ai mis quelques semaines avant de rédiger ce témoignage. D'abord, parce que je n'y croyais pas vraiment moi-même, ou plus exacte-

ment parce que j'étais encore en train d'analyser cette expérience avec logique.

Quelques années en arrière seulement, j'aurais dit qu'il s'agissait de manipulation mentale comme il en existe, paraît-il, en hypnose ou encore que l'envie était tellement forte que mon inconscient profite de l'hypnose pour matérialiser ce que j'attendais... Cela rassure de trouver des explications... du moins le croit-on.

Aujourd'hui, je dirais que l'intensité des émotions que j'ai vécues durant cette séance était telle qu'il ne peut s'agir d'une construction mentale, même inconsciente. Et puis j'accepte de ne pas tout comprendre puisque ces choses-là ne se comprennent pas, elles se vivent. Le principal étant de se sentir mieux après, quelle qu'en soit la raison. Merci encore pour cette expérience unique.

Mais lisons plutôt son magnifique compte rendu d'expérience.

Qu'est-ce qui m'a poussé à venir, me direz-vous ?

Je répondrai tout simplement : ma trajectoire de vie.

J'ai été très affecté par le décès de mon grand-père en 2015 – comme beaucoup, je crois –, mais j'ai surtout vécu une douloureuse expérience en 2017 – moins commune cette fois et tant mieux – puisque mon ex-compagne s'est mise en ménage avec un déséquilibré qui l'a sauvagement assassinée de 57 coups de couteau.

J'ai sauvé in extremis mon fils Téo – qui a aujourd'hui 15 ans – qui se serait interposé comme il avait prévu de le faire avec les conséquences dramatiques que l'on peut imaginer.

Les années ayant précédé ce drame furent des plus tendues malgré tous mes efforts, j'avais pris le parti de limiter les relations à leur strict minimum afin de me préserver et de préserver mon fils. C'est également durant cette période que j'ai commencé à lire beaucoup de livres de développement personnel (La Prophétie des Andes[1], Le Pouvoir du moment présent[2], L'Alchimiste[3], Transurfing[4]...), à rencontrer des gens d'autres horizons (médecins chinois, magnétiseurs, hypnotiseurs, psychologues...), à méditer... Bien sûr, tout ça s'est nettement accéléré en 2017 lorsque j'ai ressenti le besoin de trouver un sens à la vie et de comprendre à quoi un tel cataclysme dans nos vies – et notamment dans celle de Téo – pouvait bien servir.

On parle de la loi de l'attraction, de comment nos pensées et nos intentions peuvent créer notre futur et puis un événement soudain, imprévisible et incroyable vient remettre tout cela en question. J'avoue m'être demandé qui ou quoi avait bien pu attirer cela dans nos vies...

Deux ans plus tard, je peux dire que l'hypnose, les magnétiseurs, la méditation, la lecture, la famille, les amis et... notre chat m'ont ramené à la vie.

J'ai compris beaucoup de choses, accepté ce que je ne pouvais pas changer et retrouvé goût à la vie, avec même une saveur à la fois nouvelle et plus intense. J'ai pris pleinement conscience que cela pouvait s'arrêter là, en un claquement de doigts... Ce qui me remplit de bonheur par-dessus tout, c'est que Téo a également retrouvé une vie normale ou presque, et ça, ça n'a pas de prix.

Mes interminables pérégrinations sur Internet m'ont conduit jusqu'à votre page Facebook.

---

1. James Redfield, éd. J'ai lu, 2003.
2. Eckhart Tolle, éd. J'ai lu, 2010.
3. Paulo Coelho, éd. J'ai lu, 2007.
4. Vadim Zeland, éd. Exergue, 2010.

J'ai acheté votre livre sur l'approche de la mort avec les enfants et les ados[1], et j'ai vraiment regretté de ne pas l'avoir lu plus tôt, moi qui ai dû annoncer seul à Téo la mort de sa mère... Puis je me suis intéressé à la TCH et sans vraiment savoir pourquoi – après tout j'ai aussi récemment appris à ne pas chercher d'explication à tout –, j'ai eu envie de tenter l'expérience. Je me sentais enfin prêt à parler à mon ex-compagne.

Qu'il était difficile de ne rien attendre comme vous l'aviez préconisé en introduction tout en étant en réalité intérieurement bouillant d'impatience que la « magie » opère !

Le cercle collectif au début m'a interpellé, même si j'en ai bien compris l'intérêt. Le mental étant encore bien présent, à cet instant toutes sortes de questions m'ont assailli : mais que viennent chercher tous ces gens ? Et si c'était une secte ? Et si ma voisine me bombardait de son énergie négative ? Puis j'ai choisi de vivre le moment pleinement, sans me poser plus de questions. Après tout, ma femme savait où j'étais et j'étais venu de mon plein gré.

J'ai ensuite abordé la séance d'hypnose comme une séance de méditation.

J'ai respiré profondément, j'ai fait le vide, j'ai accepté les bruits environnants et les multiples incursions de mes « bavardages intérieurs ». Je me suis laissé porter par votre voix et par la musique en fond.

Très vite, j'ai eu les mains brûlantes. Sensation étrange que je n'ai pas le souvenir d'avoir vécue par le passé.

Je me suis assez vite retrouvé « sur un banc dans les nuages », dans un lieu étrange, sans forme, très lumineux, l'air y était chaud et j'ai ressenti une sensation

---

1. *La Mort expliquée aux enfants*, Guy Trédaniel Éditeur, 2015.

de bien-être comparable à celle que l'on vit lorsque l'on est dans un endroit qu'on aime avec des gens qu'on aime, mais encore plus intense. J'étais bien. Je n'avais plus aucune notion de temps ni d'espace.

J'étais assis là, sur mon banc, à « vivre » cet endroit inédit lorsque mon ex-compagne s'est présentée. Je ne me suis pas rendu compte tout de suite que c'était elle, car à cet instant, je ne voyais pas de formes ou de couleurs autres que celle de l'environnement – j'ai revécu cette scène à l'identique la nuit suivante en dormant. Elle était bien coiffée, maquillée légèrement, habillée de sa robe préférée et se tenait là, debout devant moi dans cette lumière aveuglante. Je lui ai exprimé ce que j'avais sur le cœur, je lui ai aussi dit qu'elle n'avait pas à s'inquiéter, car je veillerais sur Téo et que tout se passerait bien. L'émotion était intense, j'ai pleuré. Elle ne m'a pas répondu ni parlé. Elle a simplement posé sa main sur ma tête comme pour me dire « je sais, ça va aller, ne t'inquiète pas ». J'ai alors ressenti un profond soulagement.

Comme dans toutes mes expériences d'hypnose, c'est une sensation étrange entre conscient et inconscient, vous diriez sans doute entre CAC et CIE, une impression de flotter entre deux mondes, somme toute assez difficile à décrire.

Il me semble avoir repris légèrement conscience un court moment, vos paroles étaient alors plus réelles, la sensation de chaleur moins intense et j'étais plus réceptif aux bruits environnants comme les toussotements.

Puis j'ai été pris à nouveau dans un élan d'émotion soudain et intense. J'étais de nouveau dans cet endroit lumineux et chaud.

J'ai cherché à distinguer des structures, des formes familières, des personnes, mais je n'ai rien vu de tout cela.

Je me suis vu par terre en face du banc, la tête posée sur ce que j'ai compris être les genoux de mon grand-père décédé en 2014. C'était la position que je prenais lorsque j'étais enfant, je l'avais même oubliée. Je ne l'ai pas physiquement distingué, nous n'avons pas parlé, mais je savais que c'était lui, j'ai ressenti sa présence. Il ne s'est rien passé d'autre qu'un long et savoureux moment de calme et de sérénité.

Une fois la TCH terminée et le rituel de fin effectué, je suis allé aux toilettes pendant que les autres participants revenaient à eux. Je m'y suis donc retrouvé seul.

J'y ai senti – à mon plus grand étonnement – le parfum de mon ex-compagne alors qu'il n'y avait clairement personne d'autre que moi. J'ai été d'autant plus surpris que lorsque vous aviez évoqué cet exemple précis en introduction, je m'étais justement dit que je ne me souvenais plus du parfum qu'elle portait...

*
* *

Certains de mes détracteurs prétendent que je crains de faire expertiser la TCH par un comité scientifique extérieur. Ceci est faux, bien entendu, puisque je sollicite moi-même ce genre de démarche.

En octobre 2018, lors de notre passage en Belgique où nous donnions une série d'ateliers de TCH à Aywaille et à Bruxelles, l'idée m'est venue d'inviter le Pr Steven Laureys à participer à l'une de nos séances. Cet éminent médecin belge se passionne depuis des années pour les EMI et l'hypnose. Il a une bonne notoriété dans son domaine de prédilection et a créé un département universitaire à Liège, spécialisé dans les recherches sur le fonctionnement de la conscience : le Coma Science Group (CSG).

Pour avoir partagé avec lui le plateau d'une émission de télévision belge portant sur les EMI quelques années auparavant, je sais que nous restons en désaccord sur la théorie extraneuronale de la conscience. Le Pr Laureys demeure délibérément un matérialiste qui explique les états modifiés de conscience avec un petit cerveau en plastique qu'il apporte à chaque fois. Un débat d'idées argumenté sur les théories intra- ou extraneuronale de la conscience est plutôt intelligent s'il est honnête, constructif et complémentaire. Comme je l'ai déjà dit dans l'émission de Michel Cymes, *Allô docteurs* sur France 5, consacrée aux EMI, je trouve les travaux du Pr Laureys passionnants, car avec tous les moyens dont il dispose, il ne parvient toujours pas, au bout de toutes ces années d'investigations, à prouver que les EMP sont des hallucinations produites par un cerveau déréglé par un manque d'oxygène.

Le professeur répond très gentiment à mon invitation et m'indique qu'il ne pourra pas être présent, mais que la neuropsychologue Charlotte Martial et son amie Olivia, qui toutes deux travaillent pour le CSG, sont prêtes à faire l'expérience à sa place. Le rendez-vous est pris. Nous recevons avec joie Charlotte et Olivia. Ces deux femmes charmantes assistent à l'ensemble de l'atelier. Bien qu'il ne se passe rien de particulier en ce qui les concerne (sans doute trop dans l'analyse du protocole hypnotique plutôt que dans l'expérience personnelle), elles nous disent avoir été très étonnées d'entendre les récits incroyables de certaines personnes qui se sont exprimées lors de notre débriefing. Notre courte discussion permet d'établir un projet de recherches passionnant qui croiseraient les vécus des TCHistes avec ceux des expérienceurs. Le mail du CSG que nous recevons quelques jours plus tard confirme ce souhait : « Nous tenions encore une fois à vous remercier de nous avoir invitées à l'une de vos séances TCH. Nous vous transmettons le questionnaire dont nous vous avons parlé après la séance à Bruxelles. Ci-joint ceux que nous envoyons à chaque personne qui nous contacte disant qu'elle a vécu une EMI. Ils incluent certains questionnaires validés, notamment l'échelle de Greyson qui permet d'identifier une EMI, le QCM[1] permettant d'évaluer les caractéristiques phénoménologiques du souvenir, etc. N'hésitez pas à utiliser ce document après vos séances, si vous le désirez. Cela permettrait de comparer de façon objective ce que vivent les personnes durant vos séances TCH avec les témoignages que nous récoltons (nous en possédons maintenant environ 1 600). De plus, si vous avez l'occasion de faire un appel à témoins pour qu'ils nous contactent, s'ils le désirent, ça serait formidable ! :-) Nous restons à votre disposition pour toute autre information.

Encore merci.

Bien à vous. »

Mais au moment où nous nous apprêtions à éditer les 18 pages du questionnaire à distribuer à chaque TCHiste le 11 novembre 2018, coup de théâtre : le CSG m'envoie un mail d'une tout autre teneur pour m'informer qu'il ne m'autorise plus à utiliser leur fameux questionnaire et pour me demander de supprimer instamment mon post Facebook qui annonçait ce projet de rapprochement ; ce que je fais dans la minute.

---

1. Questionnaire à choix multiples.

Ce brutal changement d'avis peut sembler pour le moins surprenant.

Sauf si l'on considère que les résultats de ces questionnaires risquaient fort de mettre à mal la théorie du dysfonctionnement cérébral pour expliquer les EMI (EMP) défendue par le CSG !

J'ai longtemps réfléchi à ce retournement de veste subit et je ne vois que cette explication.

En effet, il est sûr que les TCHistes n'ont aucun déficit d'oxygénation cérébrale pendant leur séance et qu'ils éprouvent néanmoins des expériences souvent au moins aussi fortes que celles des expérienceurs, dans des proportions qui dépassent de loin les 12 à 18 % des vécus de personnes en arrêt cardiaque. Il est sûr que les résultats de cette étude auraient montré cela de façon flagrante ; on a pu lire dans cet ouvrage quelques exemples de récits totalement époustouflants. Tous ces récits publiés avec le nom de leurs auteurs sont vérifiables. Donc, oui, la TCH prouve que les EMI ne sont pas la conséquence d'un défaut d'oxygénation cérébrale.

Refuser de faire une étude scientifique par crainte des résultats n'est pas une démarche objective.

Et on voit bien là une volonté délibérée d'occulter les informations contradictoires par les chercheurs qui s'intéressent officiellement à ce sujet. Donc, oui, la TCH gêne, car elle révolutionne vraiment les paradigmes matérialistes sur le fonctionnement de la conscience « fabriquée » par le cerveau.

En voilà une belle preuve de plus.

Les démonstrations scientifiques ont toujours anéanti de façon irréversible toutes les croyances. Quand on a pu démontrer de façon rationnelle que la Terre était ronde et qu'elle tournait autour du Soleil, la croyance de la Terre plate au centre de l'univers a totalement et irréversiblement disparu. Au moment de cette révélation révolutionnaire, cette croyance était pourtant très forte et tout le monde la partageait. Mis à part Galilée, bien sûr, qui comme chacun sait passait à cette époque-là pour un dangereux charlatan qu'il fallait faire taire.

Aujourd'hui, la majorité des gens croient que la conscience est fabriquée par le cerveau. Le jour où on parviendra à greffer un cerveau à une personne qui se réveillera avec sa conscience initiale et non pas avec celle du donneur, on aura prouvé de façon définitive et irréversible que la conscience est bien extraneuronale et qu'il y a bien une vie possible après la disparition de la matière. D'après les experts les plus pointus dans ce domaine, cette prouesse médicale est très proche puisqu'elle pourrait se réaliser d'ici environ une petite centaine d'années.

En 2016, des chirurgiens chinois ont procédé à la transplantation de la tête d'un singe sur un autre primate. Cette opération est la première étape avant de pouvoir la réaliser chez l'homme d'ici quelques décennies. Le singe aurait été maintenu en vie vingt heures. Le Pr Xiaoping Ren, qui a dirigé l'équipe permettant cette prouesse, est chirurgien au Centre de microchirurgie de la main du département d'orthopédie de l'université de Harbin, en Chine. En juin 2015, dans le *Wall Street Journal*, ce précurseur improbable affirmait avoir procédé à un millier de greffes de têtes chez les souris. Certaines pouvaient bouger la tête, respirer, ouvrir les yeux et même boire. Toutefois, aucune n'avait survécu plus de quelques minutes.

« C'est une vraie victoire pour l'humanité », avait déclaré Sergio Canavero en relayant cette surprenante expérimentation. Depuis 2013, ce chirurgien italien se passionne pour ce projet de transplantation de têtes en proposant un protocole nommé Heaven (Head Anastomosis Venture)/AHBR (Allogenic Head Body Reconstruction) qui consiste à détacher des têtes d'animaux en maintenant leurs circulations artérielle et veineuse au moyen de tubes en silicone, de rabouter la moelle épinière du corps du donneur à celle de la tête du receveur au moyen d'une « colle chirurgicale » qui est un gel de synthèse à base de polyéthylène glycol et de chitosane, un sucre issu des carapaces de crustacés. Cette molécule est censée raccommoder les fibres nerveuses sectionnées. La reconnexion neuronale s'effectuerait ensuite par une stimulation électrique. Parallèlement, le cerveau serait protégé par un produit chimique dont la composition est tenue secrète. Devant les 150 spécialistes rassemblés au congrès de l'Académie américaine de chirurgie neurologique et orthopédique qui s'est tenu à Annapolis dans le Maryland, Sergio Canavero a assuré qu'après de nombreux essais chez le rat, il savait ressouder les tissus nerveux de la moelle épinière au moyen de sa fameuse colle biochimique. Lesdits spécialistes sont restés dubitatifs devant la démonstration...

Pour Bernard Devauchelle, professeur de médecine et auteur de la première greffe partielle de visage en France en 2005, l'opération avant-gardiste inspirée de cette expérimentation consisterait à transplanter un corps sous une tête, et non pas l'inverse. Il s'agirait en fait de transplanter le corps sain d'une personne en état de mort cérébrale sous la tête d'une personne au corps malade, atteinte d'une tétraplégie ou d'une autre pathologie incurable. On peut effectivement se demander dans ces conditions quelle serait au final la personnalité du patient opéré. Ressemblerait-elle à celle du tétraplégique, à celle du comateux ou encore à un mélange des deux ?

La greffe de cerveau est une étape supplémentaire de la transplantation de tête, car même si celle-ci est un jour techniquement réalisable, elle pose un énorme problème d'éthique. Il faudrait en effet pouvoir disposer d'un cerveau de « donneur » en état de fonctionner, c'est-à-dire d'un cerveau vivant. Cela signifie que pour envisager un tel transfert d'organe en redonnant la vie à une personne qui viendrait de la perdre, il faudrait tuer quelqu'un et ceci est bien entendu inimaginable ! Même si elle est techniquement réalisable à une relative brève échéance, on perçoit bien que la preuve de la conscience extraneuronale par ce genre de chirurgie n'est pas pour demain. Enfin, c'est à souhaiter, car compte tenu de certaines dérives médicales, rien ne saurait être *a priori* exclu.

Les EMP et la TCH nous mettent sur la piste extraneuronale de l'origine de la conscience de manière plus élégante et moins traumatisante que ces sombres histoires de coupeurs de tête. Mais ce ne sont que des témoignages humains et ils ne peuvent pas être considérés comme des preuves scientifiques. Il faut toutefois signaler l'importance des témoignages des personnes qui ont eu, au cours de leurs expériences, accès à des informations vérifiables qu'ils ne pouvaient pas connaître. Nous avons évoqué quelques cas qui se sont produits en TCH, mais cela existe aussi lors des EMP. Par exemple, Jean Morzelle, qui donne la description bien précise d'une plaque située sous la table d'opération sur laquelle il est installé pendant qu'il est sous anesthésie ; Eben Alexander, qui pendant son coma profond voit une jeune femme totalement inconnue, et apprend bien plus tard qu'il s'agit de sa sœur biologique, décédée, en voyant son portrait sur une photo ; ou encore Pamela Reynolds qui décrit les instruments chirurgicaux et les temps opératoires de son cerveau exsangue placé en hypothermie. Les trois cas que je viens de citer sont les plus célèbres, mais il y en a des dizaines d'autres que l'on pourra découvrir dans mes livres.

Les personnes qui parviennent à réussir leur séance de TCH sont celles qui savent écouter leur silence.

Le silence est précieux et exceptionnel, surtout dans nos sociétés actuelles.

La TCH connaît cet incroyable succès, car c'est un moyen simple et efficace pour faire taire notre bruit intérieur, celui qui analyse et mesure tout en permanence et qui bavarde sans aucun répit.

Les gens ne savent plus écouter leur silence intérieur. Le silence intérieur, c'est celui du paysan qui observe l'horizon en plissant les yeux, celui du berger qui appuyé sur son bâton ne voit plus ses moutons, car il sait parfaitement où ils se trouvent sans même avoir à les compter ou celui du vieil homme assis devant un feu qui crépite dans la cheminée ; c'est celui qui nous rend le regard fixe sans que rien ne soit observé.

« Tu es encore dans la lune, tu ne m'écoutes pas. À quoi tu penses ?

— À rien, maman, j'pense à rien, j'te jure ! »

Le gamin immobile et au regard fixe a raison, il ne pense à rien ; il ne réfléchit même pas, il n'analyse rien : il est en mode « réception », en pleine connexion avec sa CIE et vient enfin de réussir à déconnecter sa CAC. Ne le dérangez surtout pas, ce serait dommage pour lui.

Idem chez les adultes. C'est même la source de disputes interminables de nombre de couples :

« Mais à quoi tu penses ?

— À rien, chéri, je ne pense à rien…

— Pourquoi tu ne veux pas me le dire ?

— Tu m'agaces vraiment, tu sais… »

Ne dérangez plus les gens qui ont le regard fixe. Fichez-leur la paix !

Dès que nous ouvrons les paupières le matin, l'analyse démarre et c'est comme cela jusqu'au soir où, épuisés de fatigue, nous finissons par nous endormir sans avoir reçu la moindre information de notre silence intérieur.

Nous sommes hyperconnectés aux informations externes, rivés sur nos portables ou nos tablettes, certains marchent dans la rue comme des robots avec des oreillettes, les ondes des multiples réseaux qui nous entourent traversent nos corps de chair en les remplissant de toutes ces énergies négatives véhiculées par les médias qui se complaisent dans les mauvaises nouvelles.

Alors, oui, cet espace d'une heure et vingt minutes à l'écoute du silence intérieur est, pour chaque TCHiste, une véritable bouée de sauvetage ; une découverte, une révélation. Ils apprennent qu'ils ont en eux cette possibilité extraordinaire.

L'analyse incessante des informations qui nous parviennent nous empêche de les recevoir correctement.

Cette analyse filtre, modifie et censure toutes les données en fonction de nos apprentissages, de nos peurs et de nos colères.

Il faudrait pouvoir les observer à l'état brut, sans aucun jugement, faute de quoi nous encombrons nos pensées par toutes ces évaluations. Et cette rumination permanente nous empêche de percevoir l'essentiel des messages qui nous sont adressés.

Laissons-nous traverser par ce que nous ressentons en totale liberté, en accueillant simplement les choses.

C'est de cette façon qu'arrivent l'intuition et l'inspiration.

Oui, les amis, observons et accueillons sans juger.

Regardons l'eau couler.

La CAC inhibe la CIE...

Dans l'infiniment petit comme dans l'infiniment grand, le xxᵉ siècle a connu une énorme révolution conceptuelle dont l'une des conséquences est d'avoir démontré l'existence de bien d'autres niveaux de réalité que ceux que nous pouvons communément percevoir. Si les neurosciences sont encore très réductrices, les témoignages des personnes ayant vécu des EMP ou des TCH constituent également un bouleversement dans l'approche de la vie et de la mort. Ces expériences d'état de conscience modifié montrent au grand jour l'existence d'un autre monde où le temps et l'espace semblent « dépassés ».

Toute idée révolutionnaire passe par trois phases obligatoires : elle est jugée ridicule, puis dangereuse et, en fin de compte, évidente. Schopenhauer a raison sur ce point. Et il existe bon nombre d'exemples pour illustrer cela : le droit de vote des femmes, la Terre qui n'est pas plate, etc. La TCH rentre dans ce cadre d'idée révolutionnaire et il est donc normal qu'elle semble encore à certains ridicule, ou même dangereuse. Le danger est plutôt du côté de l'ignorance, car on voit mal en quoi cette sorte de méditation dirigée qu'est la TCH pourrait porter atteinte à qui que ce soit, de quelque manière que ce soit. Pourtant, les crispations sont là et les gardiens du temple matérialiste mettent tout en œuvre pour tenter de casser ce projet qui fait voler en éclats leurs dogmes qu'ils pensaient immuables ; c'est quasiment une guerre de religion, puisque fondée sur une croyance indémontrable de la mort néant. « L'après-vie » est passée du stade de la croyance à celui de la connaissance tant les arguments qui plaident en sa faveur sont légion. Eh oui, les croyants sont désormais les matérialistes ! La balle de la foi aveugle a changé de camp. Ces fameux matérialistes intégristes sont en totale per-dition, car ils n'ont pour l'instant jamais pu prouver que la conscience disparaît au moment de la mort, que les EMP sont des hallucinations et que les expériences de TCH proviennent des informations contenues dans le cerveau (alors que nous avons démontré dans cet ouvrage que certains TCHistes ignoraient bon nombre d'entre elles au moment de l'hypnose).

Je suis un électron libre et cela dérange bien des gens.

Je n'aime ni les conventions ni les manœuvres politiciennes faites pour séduire, ou pour plaire au plus grand nombre, pas plus que la discipline, les compromis ou les concessions. Je suis *cash* et sans filtre ; j'écris ce que je pense. Je n'aime pas l'hypo-crisie des personnes qui me congratulent en espé-rant que je morde la poussière ni celle du Conseil de l'ordre qui me demande de ne plus mettre « Docteur » devant mon nom d'auteur alors que tout le monde sait que je ne suis ni boulanger ni com-missaire de police.

Je souhaite rester indépendant, irrécupérable : un objet scientifique non identifié.

On me dit souvent que je suis courageux pour résister à toutes ces méchantes attaques dont je suis la cible principale.

Non, je ne suis pas courageux.

Le courageux est celui qui réussit à vaincre sa peur, or, il se trouve que je n'ai pas peur.

Je ne suis donc pas courageux.

D'ailleurs, de quoi ou de qui pourrait-on avoir peur quand on n'a plus peur de la mort ?

La peur de la mort naît dans l'analyse de ce qu'elle représente pour nous : la finitude d'une vie sur Terre, mais aussi parfois, hélas, la crainte d'une douleur physique et psychique plus ou moins prolongée. Les personnes qui ont peur de la mort sont dans l'analyse d'un futur plus ou moins proche (CAC), puisqu'au moment où ils éprouvent cette peur, ou plutôt cette angoisse, ils ne sont bien sûr pas encore morts et ne sont pas amenés à l'affronter directement. Au moment crucial, la plupart des témoignages montrent que ce passage tant redouté est en fait un instant merveilleux et rempli d'amour.

Il n'y a donc aucune raison d'avoir peur de la mort.

Les sentiments de haine et d'amour que les gens portent sur ma personne se sont exagérément développés quand j'ai voulu envoyer 10 000 personnes dans l'au-delà.

L'incroyable réussite de mes ateliers a suscité bien des jalousies.

Certains scientifiques qui travaillent depuis des années sur le fonctionnement du cerveau en mendiant des fonds privés ou publics ont constaté que je pouvais gérer mes recherches en parfaite autonomie sans rien demander à personne, puisque seuls les TCHistes financent mes investigations et mes travaux.

Des hypnothérapeutes bardés de diplômes de différentes écoles ont vu débarquer un autodidacte de cette discipline qui, en seulement cinq petites années d'exercice, obtenait de bien meilleurs résultats que bon nombre d'entre eux, avec un concept sur l'hypnose qui bouleverse tout ce qu'ils avaient appris jusqu'alors.

Certains ont clamé haut et fort à qui voulait l'entendre qu'on allait me mettre à genoux, d'autres m'ont attaqué de façon anonyme sur les réseaux sociaux, d'autres encore ont dénoncé mes pratiques au Conseil de l'ordre comme le faisaient à une époque pas si lointaine ceux qui se cachaient derrière leurs persiennes.

Je n'en veux à personne, on ne change pas la nature humaine.

Je sais que désormais rien ni personne ne pourra arrêter la TCH tant elle rend service aux gens.

La TCH me survivra et on m'oubliera très vite.

Je n'aurai fait que passer dans son histoire en *faisant le job*, comme on dit, et c'est très bien comme ça.

C'est ce que je souhaite au plus profond de mon âme.

Je suis certainement revenu ici pour ça.

Trois médiums différents m'ont dit que cette vie était ma dernière. Tant mieux.

Il me plaît de le croire.

J'aime beaucoup ma vie et la vie sur Terre de façon générale, mais je ne serai pas fâché de rentrer définitivement à la maison, ma vraie maison, celle qui abrite mon âme et qui me fait vivre toutes ces expériences.

Je me suis souvent demandé quelles étaient les raisons qui m'avaient poussé à vouloir envoyer 10 000 personnes dans l'au-delà.

Pour dire vrai, je n'ai jamais trouvé de réponse valable à cette mystérieuse question et je suis certain que j'en arriverai à cette même conclusion après dix ou vingt années de psychanalyse. J'en suis même persuadé, car la clé de ce mystère n'est pas contenue dans mon cerveau, pas plus dans les souvenirs de mon enfance ou de mon adolescence que dans les traumatismes de ma vie d'adulte, non, la solution n'est pas là, elle est extraneuronale, c'est-à-dire à l'extérieur du contenu de ma boîte crânienne.

J'ai été mis sur la voie de cette singulière recherche, ou plutôt « on » m'a mis sur cette voie. Qui est ce « on », me demanderez-vous ? Je n'en sais fichtre rien, mais ce que je sais, c'est que c'est une série d'événements précis qui m'ont conduit à faire ces ateliers et que sans certaines circonstances, rien de tout cela ne se serait passé.

Par exemple, si mon médecin de famille n'avait pas été aussi charismatique, je n'aurais jamais souhaité faire médecine.

Cet homme aux cheveux blancs et en pardessus noir qui venait à la maison pour injecter probablement de l'atropine[1] dans les veines de mon père était pour moi une sorte de Dieu vivant. Je n'avais à l'époque qu'une dizaine d'années. Je guettais les crissements des pneus de sa voiture derrière la fenêtre de la cuisine en priant le ciel afin qu'il arrive à temps pour le sauver. Il entrait en scène de façon spectaculaire comme le faisaient les héros des films que l'on voyait sur nos petites télés en noir et blanc. Sa grosse bagnole dérapait bruyamment devant chez nous comme celle des flics qui arrêtaient les voyous. À chacune de ses interventions miraculeuses, mon papa au cœur trop lent se réveillait instantanément de son coma. J'ai voulu ressembler à cet homme et donc faire son métier. On me disait bien à l'époque (et on me l'a répété jusqu'à ce que j'obtienne mon diplôme) : « C'est un beau métier que tu as choisi, mais il n'y a que les fils de toubibs qui deviennent toubibs, tu n'y arriveras jamais mon pauvre ! » Mais cela ne m'a pas découragé.

Cet événement de mon enfance fut déterminant, mais ce superman, ce médecin magnifique, qui me l'a envoyé ?

Qui a induit la maladie de mon père pour que ce praticien devienne à mes yeux un idéal, un modèle ? Oui, qui ?

Ensuite, il y a eu ce jeune garçon de vingt ans qui est mort sous mes yeux, alors que j'essayais de le perfuser pour éviter que son cœur s'arrête. C'était lors d'une intervention SAMU. J'étais en stage pour me parfaire aux interventions urgentes puisque j'envisageais d'être médecin de campagne.

---

1. Médicament qui accélère le rythme cardiaque.

Au moment de son décès, j'ai ressenti cette chose aussi incroyable qu'indicible : la fuite de son âme vers l'au-delà. Et c'est grâce à *cette chose*[1] que ma vie a changé et que j'ai décidé de devenir anesthésiste réanimateur pour étudier au mieux les NDE.

Qui m'a donné à vivre cette terrible épreuve ?

Qui m'a envoyé ce blessé, me conduisant à connaître l'échec le plus cuisant de toute ma carrière ?

Bien plus tard, mon éditeur me conseilla de faire des ateliers pendant ma tournée au Canada. Il s'agissait de présenter mon nouveau livre[2] qui exposait déjà le concept de CAC et de CIE en faisant des *work shops* en plus des conférences prévues. Oui, mais comment couper la CAC des participants ? Je n'allais tout de même pas arrêter leur cœur ou induire une anesthésie générale ? Alors que je pensais ce projet d'atelier totalement impossible, la solution me tomba du ciel. Dans l'avion qui me ramenait à Toulouse, puisque mon éditeur est à Paris, le passager à mes côtés s'était endormi. Un magazine ouvert s'étalait sur ses genoux. Le titre de l'article qui l'avait probablement plongé dans le sommeil m'était de toute évidence destiné : « L'hypnose, la solution à tous vos problèmes ? » L'hypnose pour faire baisser la CAC, mais bien sûr, me dis-je. Pourquoi n'y avais-je pas pensé plus tôt ?

Qui m'a envoyé ce messager à un si bon moment pour mettre en évidence le titre qu'il me fallait lire ?

Et enfin, plus tard, qui m'a envoyé Marc et Étienne qui ont permis de donner à la TCH l'essor que l'on connaît ?

---

1. *Cette chose*, éd. First, 2017.
2. *Les 3 clés pour vaincre les pires épreuves de la vie*, Guy Trédaniel Éditeur, 2013.

Ceci pour les grandes lignes de ce projet, mais il est sûr qu'il y a eu, entre ces trois épisodes déterminants, de multiples autres synchronicités qui m'ont poussé à poursuivre cette recherche unique en son genre.

Il faudrait avoir un certain manque d'humilité pour prétendre que nous sommes les maîtres absolus de nos destins.

Les chemins qui nous sont désignés sont là pour être pris.

On peut difficilement lutter.

Nous venons de terminer l'atelier du dimanche soir, le sixième de notre court séjour de moins de soixante-douze heures dans cette grande ville du nord de la France que nous aurions bien aimé pouvoir visiter un tout petit peu si nous en avions eu le temps ; il paraît qu'elle vaut le coup ; certains pensent même que c'est totalement idiot d'aller là-bas sans se balader au moins une dizaine de minutes sur le parvis de la cathédrale.

Il est presque 19 heures.

Le dernier TCHiste qui s'était attardé pour parler de ses problèmes avec Étienne vient de partir.

Je rassemble les 252 questionnaires pour les ranger dans la valise que j'ai récupérée à la consigne de l'hôtel, car ma chambre devait être libérée avant midi. Il faut aussi y placer tous les cadeaux du week-end, sauf les bouteilles qui ne passeraient pas les portiques de surveillance de l'aéroport ; je les laisse en évidence sur la table près de la console de mixage, Étienne les prendra. Elles voyageront en camion, mes deux compagnons ne buvant pas une goutte d'alcool, je suis certain qu'elles arriveront intactes à Toulouse.

Marc vient d'ouvrir les rideaux qui cachaient la clarté des grandes baies vitrées de la salle. Tiens, il fait nuit très tôt dans le Nord, me dis-je en oubliant que nous sommes déjà en hiver. Une pluie givrée a laissé des larmes blanches sur le verre antibruit qui nous sépare des lumières urbaines. Les rocades, bizarrement silencieuses, laissent glisser leurs habituels serpents rouges et blancs qui annoncent une prochaine semaine de travail. On devine les appartements des immeubles qui nous font face, les familles rassemblées qui s'apprêtent à dîner, le potage fumant dans les assiettes creuses, les discussions avec les enfants sur les projets du lundi matin, les fausses disputes sur le choix du film du soir que l'on va regarder avant d'aller se coucher, enfin toutes ces choses délicieuses qui nous échappent depuis que notre trio s'est formé.

Étienne a rejoint Marc pour l'aider à démonter l'atelier, débrancher les connectiques, enrouler les six cents mètres de câbles qui relient les casques à la table de mixage, tout caser dans les coffres et les sacs qui rempliront les containers à roulettes numérotés qui seront ensuite chargés sur le camion par un système de rails escamotables. Il leur faudra trois bonnes heures avant de pouvoir enfin prendre la route et rejoindre – ou pas – au milieu de la nuit un petit hôtel pour quelques heures de sommeil. Il arrive souvent qu'il soit trop tard pour obtenir une chambre ; une aire de repos fera l'affaire.

La réceptionniste du Mercure nous apporte nos sandwichs jambon-fromage et des bouteilles d'eau en me disant que mon taxi vient d'arriver.

Pas question que je rate mon avion, je dois être au bloc à 7 h 45 le lendemain pour endormir mon premier patient.

Je leur demande d'être prudents sur la route et de ne surtout pas attendre les premiers signes du sommeil pour s'arrêter. Ils connaissent ma rengaine : « Oui on sait, quand on a sommeil, c'est déjà trop tard, gnagnagna... » me répondent-ils en chœur. Ils me souhaitent un bon vol.
On s'embrasse.

Comment peut-on faire autant d'ateliers en si peu de temps sans sembler éprouver la moindre fatigue ?
Comment avons-nous pu prendre en charge plus de 10 000 personnes en seulement quatre petites années ?
D'où nous vient cette énergie incroyable qui nous pousse à résister à toutes ces attaques et à avancer avec autant de détermination en sacrifiant nos vies familiales, nos métiers et pratiquement tous nos loisirs ?

Ces interrogations sont récurrentes et bien légitimes.
Pour les personnes qui ne connaissent pas les résultats de notre travail, nous restons une énigme insondable, un mystère absolu, des extraterrestres en somme.
Je suis certain que celles et ceux qui auront lu ce livre ne se poseront plus ce genre de questions.

Les témoignages inouïs des TCHistes qui nous ont fait confiance sont et restent notre seul moteur d'action. Ils sont l'espoir apaisant d'une survivance et démontrent de façon évidente les capacités insoupçonnées qui sont en nous.

Sans ces extraordinaires retours, rien de tout cela n'aurait été possible.

Grâce à eux, l'aventure continue.

Texte de la prière
de protection
de saint Padre Pio de Pietrelcina

Saint Padre Pio de Pietrelcina, témoin de foi et
   d'amour,
Nous admirons ta vie comme moine capucin,
Comme prêtre et comme témoin fidèle du Christ.
La douleur a marqué ta vie,
L'amour t'a conduit à te préoccuper des malades
Et des pécheurs,
Pour les aider à vivre profondément le mystère de l'Eu-
   charistie
Et du pardon.
Tu as été un puissant intercesseur devant Dieu ta vie
   durant,
Et tu continues maintenant à faire le bien en intercé-
   dant pour nous.
Nous voulons compter sur ton aide.
Prie pour nous, nous te le demandons par Jésus, notre
   Seigneur.
Amen.

Modèle de questionnaire TCH

Jean Jacques CHARBONIER jj.charbonier@icloud.com	abc Talk		ETUDE T.C.H Trans Communication Hypnotique			
. Ville de la TCH :						
. Age :						
. Sexe :				H	F	
. Profession :						
. Religion :						
Dans mon quotidien :				OUI	NON	
. MEDITATION : J'ai l'habitude de pratiquer						
. HYPNOSE : C'est ma 1ere séance d'hypnose						
. HYPNOSE : J'ai déjà fait des séances d'hypnose						
. MP3 : J'ai écouté le MP3 de préparation de l'IRCCIE (www.irccie.com)						
. Si OUI combien de fois, par semaine, en moyenne ?	1 Fois	2-3 Fois	4-5 Fois	6-7 Fois	8 Fois et +	

	Très Satisfait	Satisfait	Moyen	Déçu	Très déçu
. Accueil					
. Présentation de la TCH					
. Confort des transats					
. Confort du système casque audio					
. Protocole Hypnotique					
. Inhibition de ma C.A.C (Conscience Analytique Cérébrale)					
. Apaisement par rapport au deuil					
. Apaisement par rapport à la mort					
. Globalement					

Durant cette séance :	OUI	NON
. Je suis parvenu à me relaxer et à suivre les suggestions qui m'étaient proposées :		
. Je suis parvenu à ressentir la relaxation de tous mes muscles :		
. Je suis parvenu à ressentir l'ancrage de mon corps :		
. Je suis parvenu à ressentir les transmissions énergétiques :		
. Je suis parvenu à avoir la sensation de quitter mon corps :		
. Je suis parvenu à avoir la sensation d'être mis en contact avec un défunt :		
. Je pense avoir pu communiquer avec un défunt :		
. Je pense avoir reçu des informations de ce défunt :		
. Je pense avoir entendu des messages ou des perceptions sonores :		
. Je pense avoir vu des images ou des silhouettes :		
. J'ai perçu des informations de mondes extraterrestres :		
Mon ressenti :	OUI	NON
. Je pense avoir vu des scènes se déroulant à l'extérieur de mon corps :		
. Je pense avoir vu des scènes se déroulant dans mon passé :		
. Je pense avoir vu des scènes se déroulant dans mes vies antérieures :		
. Je pense avoir vu des scènes se déroulant dans mon futur :		
. Je pense avoir reçu des informations ou des conseils sur mon avenir :		
. Je pense avoir reçu des soins énergétiques :		

Remarques et suggestions :

Remerciements

Merci à Laurent Boudin, pour sa confiance, ses précieux conseils et pour m'avoir permis d'être publié dans cette maison d'édition renommée.

Merci à Chantal Nicolas qui a apporté à mon texte les corrections nécessaires.

Meri à mon épouse, Corinne, pour sa patience et son indéfectible soutien.

13142

Composition
PCA

Achevé d'imprimer en Slovaquie
par NOVOPRINT SLK
le 4 octobre 2022

Dépôt légal février 2021
EAN 9782290252864
L21EPEN000437-557452/R1

ÉDITIONS J'AI LU
82, rue Saint-Lazare, 75009 Paris

Diffusion France et étranger : Flammarion